Sumpf- und Wasserschildkröten

Werner Ullrich

Sumpf- und Wasserschildkröten

Auswahl · Unterbringung · Pflege

Inhaltsverzeichnis

Inhaltsverzeichnis

Wichtiges auf einen Blick

Vorwort

Die meisten Menschen zeigen gegenüber Schlangen und Echsen eine Abneigung. Interessanterweise empfinden viele gegenüber einer anderen Reptiliengruppe, den Schildkröten, aber weder Furcht noch Abscheu. Schildkröten gehören daher schon seit langer Zeit zur Palette der „Heimtiere".
Sämtliche Landschildkrötenarten stehen jedoch inzwischen unter dem Schutz des Washingtoner Artenschutzübereinkommens (WA). Lediglich Nachzuchten werden hin und wieder einmal angeboten. Dennoch kann man in fast jeder Zoohandlung Schildkröten kaufen. Bei ihnen handelt es sich in erster Linie um amerikanische Schmuckschildkröten – also um Wasserschildkröten. Oft stellen sich bei der Pflege dieser Tiere aus Unkenntnis über ihre Lebensweise und die erforderlichen Haltungsbedingungen Probleme ein.

Ich möchte Ihnen als Liebhaber von Sumpf- und Wasserschildkröten daher mit diesem Büchlein die Informationen an die Hand geben, die unerläßlich sind, um diese Reptilien erfolgreich zu pflegen. Neben der Biologie und Lebensweise der Schildkröten erfahren Sie alles Wissenswerte über ihre Unterbringung und Ernährung. Darüber hinaus informiert das Buch darüber, wie Sumpf- und Wasserschildkröten auch im Terrarium erfolgreich zu vermehren sind. Schließlich werden zahlreiche Arten, die immer wieder im Handel angeboten werden, in ausführlichen Portraits vorgestellt.

Werner Ullrich

Schildkröten sind interessante Reptilien

Da im folgenden immer wieder von Familien, Ordnungen, Arten etc. die Rede sein wird, sollen diese Begriffe zunächst kurz erklärt werden. In der Systematik – einer speziellen biologischen Forschungsrichtung – bemüht man sich darum, die Abstammung eines Tieres oder einer Pflanze zu klären, Verwandtschaftsbeziehungen aufzustellen und das Tier oder die Pflanze schließlich in ein hierarchisches Ordnungssystem zu bringen. Von oben nach unten unterscheidet man die Hierarchieebenen Stamm, Klasse, Ordnung, Familie, Gattung, Art. So sind die Schildkröten eine eigene Ordnung innerhalb der Klasse der Reptilien. Man unterscheidet heute etwa 220–250 Schildkrötenarten, über die genaue Anzahl sind sich die Systematiker nicht einig. Die süßwasserbewohnenden Arten bilden dabei die größte Gruppe. Allein bei den Sumpfschildkröten (Familie Emydidae) gibt es 75–80 Arten. Die Emydidae stellen damit die umfangreichste Familie innerhalb der Schildkröten. Außerhalb der Familie Emydidae gibt es noch weitere, sehr stark an das Wasser gebundene Arten, die man einfach als „Wasserschildkröten" bezeichnen kann. Die Landschildkröten (Familie Testudinidae) führen eine streng terrestrische Lebensweise, d h., sie leben ausschließlich auf dem Land. Aber auch unter ihnen gehen die meisten bei Gelegenheit an oder in eine flache Pfütze, um daraus zu trinken. Für den Halter von Sumpf- und Wasserschildkröten sind systematische Fragen in der Regel nur von nebensächlicher Bedeutung. In erster Linie interessieren ihn Haltungs- und Pflegebedingungen – und wie die Tiere zu vermehren sind. Zunächst einmal aber vorher noch zur Biologie dieser interessanten Reptilien. Denn nur wer auch darüber Kenntnisse besitzt, wird begreifen, warum sie bestimmte Anforderungen an ihren Lebensraum, ihre Nahrung etc. stellen.

Körperbau

Panzer

Der Panzer umschließt den gesamten Körper der Schildkröte. Er besteht aus zwei Teilen (siehe Abb. oben), dem Rückenpanzer (Carapax) und dem Bauchpanzer (Plastron). Die seitliche Verbindung oder „Brücke" zwischen den beiden Panzerteilen besteht aus Knorpelmasse, die je nach Schildkrötenart stets weich bleibt oder verknöchert. Aus der vorderen Öffnung zwischen Bauch- und Rückenpanzer ragen

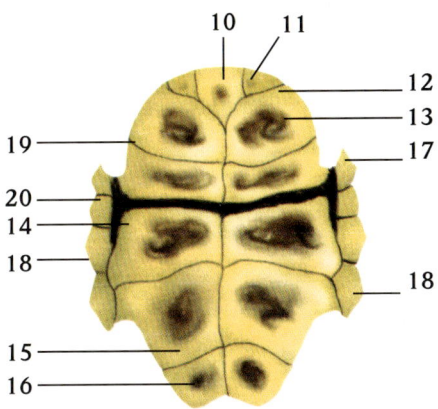

▬▬ *Beschilderungsschema des Schildkrötenpanzers (nach Wermuth/Mertens 1961). Die Kombination der gesamten Merkmale tritt in der Natur niemals auf, sie ist hier nur schematisch vereinigt.*
Rückenpanzer (Carapax): 1 Wirbelkiel (Dorsalkiel), 2 Nackenschild (Praecentrale), 3 Randschild (Marginale), 4 Wirbelschild (Centrale), 5 Rippenschild (Laterale), 4 u. 5 = Diskus (zentrales Carapaxfeld), 6 Seitenkiel (Lateralkiel), 7 Oberes Zwischenschild (Supramarginale), 8 Rückenpanzerscharnier (Carapaxscharnier), 9 Schwanzschilder (Postcentralia); Bauchpanzer: 10 Zwischenkehlschild (Intergulare), 11 Kehlschild (Gulare), 12 Armschild (Humerale), 13 Brustschild (Pectorale), 14 Bauchschild (Abdominale),

15 Schenkelschild (Femurale), 16 Afterschild (Anale), 17 Achselschild (Inframarginale), 18 Hüftschild (Inguinale), 19 Bauchpanzerscharnier (Plastronscharnier), 20 Unteres Zwischenschild (Inframarginale)

Hals und Kopf sowie die Vorderbeine heraus; die hintere Öffnung läßt Platz für Schwanz und Hinterbeine.

Der Panzer besteht in seinem Aufbau aus einer inneren Schicht regelmäßig angeordneter Knochenplatten. Sie setzen sich aus den verbreiterten Dornfortsätzen der Wirbelsäule, den Rippen und Teilen des Schultergürtels zusammen. Darüber befindet sich eine äußere Schicht von Hornschildern. Diese stimmen zwar in ihrer Lage, jedoch nicht in ihrer Größe und Anzahl mit den erwähnten Knochenplatten überein. Anstelle der Hornschilder

Am Panzer dieser Landschildkröte (Testudo kleinmanni) erkennt man gut, daß Knochen- und Hornpanzer in ihrer Anordnung und Anzahl nicht übereinstimmen

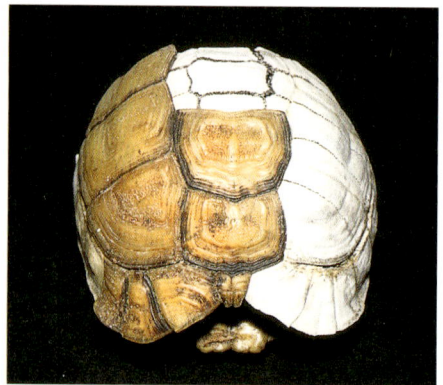

findet man bei Weichschildkröten eine lederartige derbe Haut. Die Hornschilder werden – wie die Schuppen der übrigen Reptilien – von der Epidermis gebildet, einer dünnen „lebenden" Schicht zwischen Horn- und Knochenpanzer. Schildkröten wachsen ihr ganzes Leben lang, daher muß auch ihr Panzer stets mitwachsen. An den Nähten zwischen den einzelnen Schildern lagert sich Knochen- bzw. Hornsubstanz an. Dieser Zuwachs ist deutlich an den „Jahresringen" erkennbar. Allerdings bilden sich pro Jahr gewöhnlich mehrere Ringe und nicht nur einer.

Der Panzer ist als Schutzeinrichtung für die Schildkröten so wichtig, daß er sich bei verschiedenen, häufig sogar nicht näher miteinander verwandten Arten im Laufe der Jahrmillionen in gleicher Weise entwickelt hat: Er wurde verschließbar. So klappen beispielsweise Dosenschildkröten und Klappschildkröten den vorderen oder den hinteren Teil oder sogar beide Teile des Bauchpanzers nach oben gegen den Rückenpanzer. Die meisten übrigen Halsberger (Abb. S. 11 oben) verschließen die beiden Panzeröffnungen nach dem Einziehen des Kopfes, der Gliedmaßen und des Schwanzes mit der Außenseite der Gliedmaßen, die dort gewöhnlich mit besonders großen Hornschuppen besetzt sind. Halswender (Abb. rechts) bergen ihren Kopf durch eine seitliche, horizontale S-förmige Krümmung der Halswirbel an den Panzer.

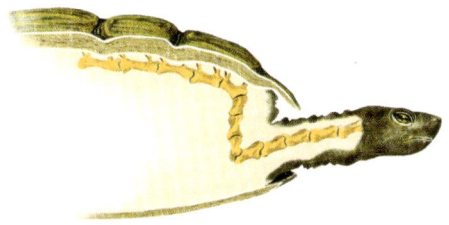

Gliedmaßen

Durch die Form der Gliedmaßen lassen sich bei Schildkröten Rückschlüsse auf ihren Lebensraum ziehen. Bevorzugt an Land lebende Schildkröten besitzen stämmige Gliedmaßen (wie alle Landschildkröten), mit denen sie sich schnell fortbewegen und in lockere Erde eingraben können.

Oben: Halsberger (Cryptodira).
Unten: Halswender (Pleurodira)

Bei Sumpf- und Wasserschildkröten, je nachdem wie eng ihre Bindung an den Lebensraum Wasser ist, finden sich mehr oder weniger kräftig ausgebildete Schwimmhäute, vor allem zwischen den Hinterbeinzehen. Darüber hinaus kann man anhand der Vorderbeinkrallen bei einigen Arten auch das Geschlecht bestimmen (siehe S. 12).

Äußere Geschlechtsmerkmale

Das Geschlecht einer Schildkröte kann man am einfachsten feststellen, wenn man mehrere gleichaltrige Exemplare vor sich hat:

Bei den meisten Arten werden die Weibchen deutlich größer als die Männchen.

Bei den Weibchen ist der Bauchpanzer gewöhnlich glatt oder auch etwas konvex nach außen gewölbt, bei den Männchen findet man meist einen deutlich konkav eingedellten Bauchpanzer. Darüber hinaus ist der Bauchpanzer bei den Männchen auch häufig schmaler als bei den Weibchen.

Ein gutes Unterscheidungskriterium ist der Schwanz. Da bei den Männchen der ausstülpbare

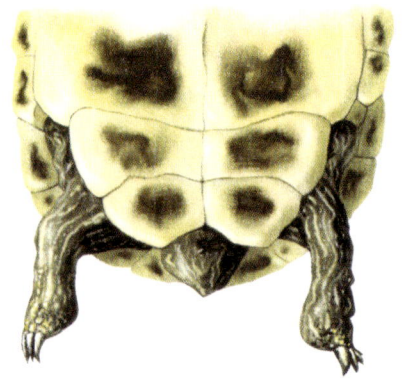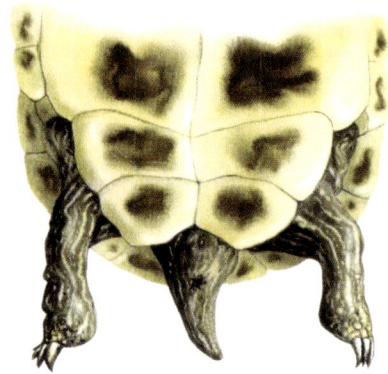

Weibchen (Abb. links), Männchen (Abb. rechts)

Penis darin gelagert ist, ist der Schwanz bei ihnen an der Basis deutlich breiter und gewöhnlich auch länger als bei den Weibchen. Bei den Männchen liegt außerdem die Kloakenöffnung in einem weite-

Männliche Rotwangen-Schmuck-schildkröten (Trachemys scripta elegans) erkennt man an den verlänger-ten Krallen der Vorderbeine

ren Abstand vom Hinterrand des Bauchpanzers (siehe Abb. oben).
Als gattungstypisches sekundäres Geschlechtsmerkmal besitzen bei einigen amerikanischen Schmuck-schildkröten-Arten die Männchen verlängerte Vorderkrallen. Dabei können die Krallen doppelt so lang wie bei den Weibchen sein. Die langen Krallen spielen bei der Werbung um eine Partnerin eine Rolle.

Färbung

Vor allem amerikanische „Schmuck-schildkröten" (Gattungen *Chryse-mys, Trachemys, Pseudemys)* ver-danken ihre deutsche Bezeichnung ihrer ansprechenden Färbung. Man findet bei ihnen auf dem Carapax, Plastron, Kopf und den häutigen Weichteilen auffällige Färbungen und Zeichnungen. Diese sind arttypisch angeordnet und helfen bei der Bestimmung der Art oder Unterart. Da die Farben und Muster aber auch individuell etwas unterschiedlich ausfallen, kann man an ihnen sogar einzelne Exemplare einer Gruppe wiedererkennen. Zudem ändern sich Färbung und Zeichnung im Laufe des Wachstums.

Bei amerikanischen Höckerschildkröten setzen sich die namengebenden „Höcker" dunkel von dem meist bräunlich gefärbten Rückenpanzer ab. Die einzelnen Höckerschildkrötenarten unterscheidet man vor allem durch ihre Kopfzeichnung und -färbung. Viele andere Wasser- und Sumpfschildkröten haben eine düstere, eher gräuliche, bräunliche oder grünliche Färbung und sind dadurch innerhalb ihrer Umgebung gut getarnt. Sie können sich vor ihren Feinden besser verbergen und werden auch gleichzeitig von ihren Beutetieren schlechter gesehen. Meist handelt es sich bei diesen Schildkröten um recht langsame Jäger wie z. B. die Schnappschildkröte *(Chelydra serpentina)*, die Fransenschildkröte *(Chelus fimbriata)* oder Klapp-

schildkröten *(Kinosterniden)*. Auch Punkte und unterschiedlich gefärbte Flecken auf dem Panzer verbessern die Tarnwirkung, denn durch solche Muster lösen sich die Konturen der Schildkröten in ihrer Umgebung oft völlig auf.

Farben können aber auch für die Fortpflanzung der Schildkröten eine Rolle spielen. So signalisieren z. B. Männchen der Kachuga-Dachschildkröte *(Kachuga kachuga)* ihre Fortpflanzungsbereitschaft durch stärker gefärbte rote bis rotbraune Längsstreifen am Hals, die nach der Fortpflanzungszeit wieder verschwinden.

Bei Weichschildkröten ist die Färbung nicht sehr ausgeprägt und taugt daher weniger zur Bestimmung der verschiedenen Arten. Experten ziehen bei ihnen andere Merkmale heran, wie z. B. Kopfform und Anzahl der hornigen Bauchplatten.

Atmungs- und Sinnesorgane

Die Atmung

Bei den Schildkröten kann der Gasaustausch in den Lungen nicht durch Volumenveränderung des Brustkorbs erfolgen, da ihre Rippen starr mit ihrem Panzer verbunden sind. Die verbrauchte Luft muß deshalb durch besondere Lungenmuskeln aktiv aus den Lungen gepreßt werden. Durch eine Art Zwerchfell sind die einfach gebauten, paarigen Lungen von den Eingeweiden getrennt. Bei wasserbewohnenden Arten funktionieren die Lungen auch als „Schwimmblase". So können bestimmte Lungenteile willkürlich erweitert und dabei mit Luft gefüllt, andere verengt und dadurch „entlüftet" werden. Mit Hilfe ihrer Lungen kann eine schwimmende Schildkröte ihren Schwerpunkt verlagern.

Wichtig: Bei Lungenerkrankungen „liegen" Schildkröten oft schräg im Wasser und haben Probleme beim Tauchen.

Wasserschildkröten können außer ihren Lungen noch andere Körpereinrichtungen zur Atmung, d. h. zum Gasaustausch benutzen. So nehmen beispielsweise Weichschildkröten Sauerstoff auch durch die Haut ihres Panzers auf. Außerdem besitzen viele Wasserschildkröten paarige Analblasen, deren Wände stark durchblutet sind. Diese Blasen können aktiv Wasser aufnehmen und speichern. Bei sehr reduziertem Stoffwechsel, z. B. im Winter, genügt ihnen oft der über die Analblasen aufgenommene Sauerstoff, so daß sie in sauerstoffreichem Wasser nicht zusätzlich an der Wasseroberfläche Luft holen müssen.

Sinnesorgane

Augen und Nase sind bei Schildkröten die wichtigsten Sinnesorgane. Die Ohren sind offenbar bedeutungslos geworden. Erschütterungen nehmen sie aber sehr gut wahr. Schildkrötenaugen reagieren in erster Linie auf bewegte Reize. Bei Versuchen zeigte sich, daß bei Wasserschildkröten bewegliche Schatten die Schreck- und Fluchtreaktion auslösen: Beim Sonnenbaden auf einem Stein oder Baumstumpf gestört, ziehen die Tiere schnell den Kopf ein, springen in das Gewässer oder lassen sich einfach dort hineinfallen. In einem Zimmerterrarium gehaltene Wasserschildkröten können sich andererseits so an ihren Pfleger gewöhnen, daß sein Erscheinen bei ihnen keine Fluchtreaktion auslöst, sondern das Gegenteil: Die Tiere stürzen sich in das Wasser und betteln vor der Scheibe um Futter. Sind sie einige Zeit in einem Freilandterrarium, verliert sich dieses Verhalten, und sie werden wieder scheuer. Mit Hilfe ihrer Augen orientieren sich Schildkröten räumlich, erkennen Gefahren und finden Nahrung und Partner. Dabei werden sie vor allem bei der Nahrungs- und Partnersuche von ihrer Nase unterstützt. Am Geruch erkennen die Tiere versteckt lebende Würmer, Krebse etc. Mit Hilfe ihres Geruchssinns erfahren sie auch, ob es sich bei der Begegnung mit anderen Schildkröten um einen Artgenossen handelt oder ob sie gar einen Sexualpartner vor sich haben.

Lebensweise

Wie bereits erwähnt, werden in der Wissenschaft unter Sumpfschildkröten die Vertreter der Familie Emydidae verstanden. Daneben gibt es noch zahlreiche ebenfalls im und am Wasser lebende Schildkröten, die aber anderen Familien angehören. Für manchen Laien ist es sicherlich verwunderlich, daß es auch Sumpfschildkrötenarten gibt, die nur selten ins Wasser gehen, bzw. vor allem an feuchten Stellen an Land leben. Einige Arten innerhalb der Familie Emydidae leben sogar fast nur noch an Land und sind mehr

oder weniger zu „Landschildkröten" geworden. Dieser Begriff ist aber den Vertretern der Familie Testudinidae vorbehalten – also Vorsicht, wenn Sie mit einem Systematiker über Sumpfschildkröten sprechen!

Wichtig: Sumpfschildkröten haben sich im Laufe der Evolution sehr unterschiedlichen Lebensräumen angepaßt.

Sehr an das Wasser gebundene Arten leben vor allem in stehenden und sehr langsam fließenden Gewässern. Die mehr im Uferbereich lebenden Arten suchen nur ab und zu das Wasser auf. Innerhalb der Gattungen *Chrysemys* (Zierschildkröten) und *Kinosternon* (Klappschildkröten) bevorzugen viele Arten kleinere Gewässer wie Tümpel und ruhige Gräben mit geringem Wasserstand. Einige *Chrysemys*-Arten wie *Chrysemys concinna* und *Chrysemys rubriventris* dringen manchmal sogar bis in Brackwasserbereiche vor. Vor allem Diamantschildkröten *(Malaclemys terrapin)* leben häufig in Mündungsbereichen von Flüssen und sind deshalb Brackwasser gegenüber recht tolerant. Bei vielen Sumpf- und Wasserschildkröten spielt die Wasserqualität

Im Mittelmeerraum gibt es noch viele Flüsse, deren Uferbereiche unbefestigt sind. Die Randtümpel bieten oft Europäischen Sumpf- und Kaspischen Wasserschildkröten einen optimalen Lebensraum

offenbar nur eine untergeordnete Rolle. Sie kommen sogar in Abwassergräben und -kanälen vor und ernähren sich dort manchmal fast ausschließlich von Schnecken. In Ermangelung natürlicher Gewässer findet man sie auch in Reisfeldern, Viehtränken und ähnlichem.

Der Temperatureinfluß

Schildkröten sind wie alle Reptilien von den Außentemperaturen abhängig: Sie sind wechselwarm (poikilotherm). Daher stehen ihre Aktivitäten, einschließlich der Verdauung, in direkter Beziehung zu Veränderungen ihrer Umgebungstemperatur. Aber ihre Körpertemperatur ist nicht zwangsläufig mit der Außentemperatur identisch, sondern in der Regel höher als die Temperatur der Umgebung. Entscheidend für ihre Körperwärme ist z. B. auch ihre Aufenthaltsdauer im Gewässer, vor allem, wenn die Tiere abgetaucht sind. Je länger sie am Grund eines kühlen Gewässers verbringen, um so mehr sinken ihre Körpertemperatur, die Kreislaufaktivität und der Sauerstoffbedarf.

Wichtig: Schildkröten regulieren ihre Körpertemperatur durch Nutzung der Umgebungstemperatur.

Für die meisten Wasserschildkröten liegt die optimale Körpertemperatur bei 30–33 °C. Steigt sie auf Werte über 40 °C, führt dies zum sicheren Tod der Tiere. Sinkt die Körpertemperatur unter einen kritischen Grenzwert, der von Art zu Art unterschiedlich sein kann, so ist dies ebenfalls tödlich.

◆ *Winterstarre und Sommerruhe*
Wasserschildkröten aus gemäßigten Breiten fallen in der kühlen Jahreszeit zwangsläufig in eine Kältestarre. Wenn die Außentemperaturen sinken, suchen sie daher frostsichere schützende Stellen auf. Meist verbergen sie sich am Grund des Gewässers in einer Pflanzen- oder Schlammschicht. Ob sie dort den Winter überleben, wird durch die Temperaturen und den Sauerstoffgehalt des Wassers entschieden. Bei etwas steigenden Temperaturen, selbst wenn noch eine Eisschicht das Gewässer bedeckt, kommen die Schildkröten oft schon aus der Pflanzen- oder Moderschicht und bewegen sich am Gewässergrund entlang, die Schmuckschildkröte *Chrysemys*

picta z. B. schon bei 4 °C. Nahrung nehmen die Tiere jedoch noch nicht auf, da bei den niedrigen Temperaturen keine Verdauung möglich ist. Bei Temperaturen von 8–11 °C beginnt *Chrysemys picta* zu fressen und zu balzen. Innerhalb ihres großen Verbreitungsgebietes werden diese Temperaturen je nach geographischer Lage zu unterschiedlichen Zeiten erreicht. Dadurch ergeben sich regional etwas andere Zeiten für Balz, Paarung, Eiablage und Schlupf der Jungen.
Die Aktivitätszeiten der Schildkröten werden also durch den Jahresrhythmus geprägt. In den Tropen und Subtropen entfällt die Überwinterung durch die immer gleichbleibenden Temperaturen. In sehr heißen Regionen können dagegen Gewässer austrocknen, so daß Sumpf- und Wasserschildkröten gezwungen sind, im Schlamm die ungünstigen Lebensbedingungen zu überdauern. Dabei verharren sie in einer Art Sommerschlaf, aus dem sie nach dem Einsetzen von Regenfällen wieder erwachen.

◆ *Sonnenbaden*
Weil sie von der Umgebungstemperatur abhängig sind, müssen Wasserschildkröten, um sich aufzuwär-

men, ab und an ein Sonnenbad nehmen. Ein erster Anfang ist dabei das
aquatile Sonnenbaden. Dabei treiben
die Tiere an der Wasseroberfläche.
Dies ist in der Natur vor allem bei
Weichschildkröten häufig zu beobachten.

Die meisten Arten bemühen sich
jedoch, das Wasser einmal ganz zu
verlassen, um sich an ruhigen, trok-
kenen und windgeschützten Plät-
zen zu sonnen. Dort kommen dann
oft viele Tiere zusammen und bei
dem Versuch, ein besonders vorteil-
haftes Fleckchen zu ergattern, klettern sie auch schon einmal überein-
ander. Um die beste Position zum
Lichteinfallswinkel der Sonne zu

*Die Zierschildkröte (Chrysemys
picta belli) ist im Sommer sehr gut im
Teich einer Freilandanlage zu halten*

bekommen, nehmen die Schildkröten nicht selten eine leicht schrä-
ge Körperhaltung an. Außerdem
strecken sie gleichzeitig den Kopf
und die Gliedmaßen weit aus dem
Panzer. Bei genauerem Hinsehen ist
zu erkennen, daß sie ihre Schwimmhäute an den Hinterbeinen weit aus-
einanderspreizen und die dadurch
entstandene Fläche der Sonne entge-
genhalten. Beim Sonnenbad an Land
trocknen die Tiere einmal völlig ab
und setzen sich dem UV-Licht der
Sonne aus. Dabei werden an den
Weichteilen und auf dem Panzer
haftende Mikroorganismen, auch
krankheitsfördernde, abgetötet. Das
Sonnenbaden an Land dient also
nicht nur der Körpererwärmung,
sondern auch der Körperhygiene.
Wasserschildkröten mit Hautverlet-
zungen sonnen sich häufiger und
länger als gesunde. Sie versuchen,
auf diese Weise zu verhindern, daß
Krankheitserreger über die Hautver-
letzungen in den Organismus gelan-

gen. Zwischen Hornschildern und Knochenplatten können solche Erreger Herde (Nekrosen) bilden. Neben der keimabtötenden Wirkung hat das UV-Licht für die Schildkröten aber noch eine andere wichtige Bedeutung. Durch UV-Licht wird aus einem in der Haut vorkommenden Provitamin das Vitamin D gebildet. Vitamin D-Mangel führt zu Knochen- und Panzererweichungen (Rachitis).

Ernährungsgewohnheiten

Sumpf- und Wasserschildkröten ernähren sich vorwiegend von tierischer Kost. Im Verlauf ihres Lebens verändern aber viele Arten ihre Ernährungsgewohnheiten. Nach dem Schlüpfen nehmen die meisten ausschließlich tierische Nahrung zu sich. Als Beute werden Würmer, Kleinkrebse, Insekten und deren Larven, Schnecken und Muscheln, Fisch- und Amphibienlaich, kleine Fische und Amphibien betrachtet. Mit zunehmender Größe können die Schildkröten auch anderen kleineren Reptilien gefährlich werden. Vitamine pflanzlichen Ursprungs nehmen die Schildkröten z. B. mit dem Mageninhalt ihrer Beutetiere

auf. Ihre notwendigen Kalkgaben bekommen sie vor allem durch den Verzehr von Schnecken und Krebsen. Außerdem erhalten sie durch die Kleinkrebse essentielle Farbstoffe, die Einfluß auf ihre Farbgebung nehmen. Mit fortgeschrittener Größe fressen etliche Arten auch pflanzliche Kost, daneben gehen sie auch an Aas und Kot von Säugetieren.

In der Natur ist die Nahrungszusammensetzung saisonal verschieden. Je nach Jahreszeit vermehren sich plötzlich Kleinkrebse stark und bilden eine leicht erreichbare Beute oder bestimmte Pflanzen, die die Schildkröten gerne verzehren, haben ihre Hauptwachstumszeit. Natürlich „lernen" Schildkröten auch, daß bestimmte Stoffe als Nahrung dienen können und nehmen dann z.B. Trockenfutterpellets etc. an.

Fortpflanzungsverhalten

Wie bereits erwähnt, wachsen Schildkröten ihr ganzes Leben lang. Geschlechtsreif werden sie meist im Alter von 7–10 Jahren. Der genaue Zeitpunkt ist sowohl von Art zu Art als auch individuell unterschiedlich. Häufig ist der Beginn der Geschlechtsreife daran zu erkennen, daß die Tiere erstmals Balzverhalten zeigen.

Fortpflanzungszyklus

Es ist nicht auszuschließen, daß artspezifisch genetisch festgelegte Faktoren den Fortpflanzungszyklus steuern. Es konnte aber nachgewiesen werden, daß der Jahresrhythmus mit den klimatisch bedingten Temperaturschwankungen einen entscheidenden Einfluß nimmt. Bei der Zierschildkröte *(Chrysemys picta)* stellte man durch Untersuchungen fest, daß in den Monaten Juli bis Oktober Spermien gebildet werden. In dieser Zeit sind die Hoden der Männchen deutlich größer und werden im November wieder erheblich kleiner. Bis Mai des nächsten Jahres hält dieser Ruhezustand an. Das gebildete Sperma wird in den Nebenhoden gespeichert und erst bei Paarungen im folgenden Frühjahr (März/April) eingesetzt.

Bei den Weibchen der gleichen Art wachsen die Follikel in den Eierstöcken erst im September. Obwohl die Weibchen dazwischen die Winterruhe einlegen, haben die Follikel im März den fast größten Durchmesser. In dieser Zeit erfolgt auch die Befruchtung.

Werbung

Wenn Schildkröten-Männchen einer möglichen Partnerin begegnen, beriechen sie oft erst einmal ausgiebig deren Analregion. Dies können Wasserschildkröten-Männchen auch im Wasser. Sie reagieren auf chemische Lockstoffe, die das paarungsbereite Weibchen freisetzt. Die Männchen einiger amerikanischer Arten, deren Vordergliedmaßen mit langen Krallen ausgestattet sind, schwimmen je nach Art oft über oder vor der Auserwählten, strecken ihre Vordergliedmaßen und Krallen nach vorne und führen damit zitternde Bewegungen aus.

Bei sehr vielen Arten klettern die Männchen einfach auf den Rücken der Partnerin, halten sich an ihrem Panzerrand fest und führen symbolische Beißbewegungen aus.

Paarung

Nach menschlichen Maßstäben gemessen gleicht die eigentliche Paarung bei Sumpf- und Wasserschildkröten oft einer Vergewaltigung. Das aufgerittene Männchen hackt und beißt bei einigen Arten heftig in die Nackenregion des Weibchens, so daß es sogar zu blutigen Verletzungen kommen kann. In der Paarungszeit sind die Weibchen oft gut ge-

Europäische Sumpfschildkröten (Emys orbicularis) bei der Balz

nährt und haben manchmal Mühe, alle Extremitäten und den Kopf gleichzeitig in den schützenden Panzer zu ziehen. Dies gilt auch für Weibchen jener Arten, die ihre Bauchpanzerlappen anlegen und den Panzer gewöhnlich völlig verschließen können *(Terrapene, Kinosternon* etc.). Das Weibchen wird aber durch die Attacken des Männchens gezwungen, seinen Kopf und die Vorderbeine in den Panzer einzuziehen. Aus Platzmangel müssen die Hinterbeine und der Schwanz einschließlich Kloakenöffnung ungeschützt draußen bleiben. Befindet sich das Männchen zu diesem Zeitpunkt schon auf dem Rücken des

Weibchens, preßt es seine Kloakenöffnung gegen die Kloakenöffnung des Weibchens und läßt seinen Penis hineingleiten. Zum Teil bleiben Männchen und Weibchen recht lange fest „verankert". Bei etlichen Arten der Gattung *Terrapene* muß sich das Männchen während der Paarung nach hinten fallen lassen, um die Kopulation überhaupt durchführen zu können, da diese Schildkröten einen besonders hoch gewölbten Rückenpanzer besitzen. Manchmal versuchen Weibchen, mit dem fest verhakten Männchen auf dem Rücken zu entkommen, andere nehmen während der Paarung sogar Nahrung zu sich.

Eiablage

Schildkröteneier können eine harte, an Vogeleier erinnernde Kalkschale, aber auch eine pergamentartige Eihülle haben. Letztere nimmt leicht Umgebungsfeuchtigkeit auf und „wächst" mit zunehmender Größe des Embryos mit.

Vor der Eiablage müssen die Weibchen auf dem Land eine Nistgrube anlegen. Bemerkenswert ist, daß sie diese mit den Hinterfüßen graben, also außerhalb ihres Gesichtsfeldes. Manchmal kann man aber die Weibchen dabei beobachten, wie sie zuvor mit der Schnauze gewissenhaft die ausgesuchte Stelle prüfen und gelegentlich auch mit den Vorderfüßen Probegrabungen vornehmen. Um den oft harten Boden aufzuweichen, entleeren die Tiere häufig aus ihren Analblasen über der vorgesehenen Stelle Wasser – und dies mehrmals –, bis sich der Boden zum Graben eignet. Besonders gerne legen sie ihre Nistgruben in die unmittelbare Nähe von wärmespeichernden Materialien (Steine, Holz) oder verrottenden Pflanzenteilen. Die Form der Nistgrube kann je nach Art variieren, hat aber meistens eine flaschenförmige Gestalt. Den Grund der Grube erweitern sie mit den Hinterfüßen oft zu einer Kammer, in die nun die Eier gelegt werden. Auch die Eiablage entzieht sich dem Blick des Weibchens. Oft verlassen die Eier an einem Schleimfaden die Kloake und werden durch einen Hinterfuß vorsichtig aufgefangen und in die Kammer geleitet. Mit den Hinterfüßen sortiert das Weibchen auch das Gelege in der Nistgrube. Nach der Ablage des letzten Eies legt es oft völlig erschöpft eine Pause ein. Anschließend beginnt es, mit den Hinterbeinen die Grube sorgfältig zuzuscharren. Zuletzt schiebt es häufig noch Holzstücke und Steine darüber, so daß es selbst für jemanden, der die Eiablage beobachtet hat, schwierig ist, die Stelle des Geschehens einige Stunden später noch genau anzugeben.

Wichtig: Die Zahl der Eier eines Geleges und die Anzahl der Gelege innerhalb eines Jahres variieren von Art zu Art, aber auch je nach Alter der Weibchen. Jüngere Weibchen legen gewöhnlich wenige Eier, dann nimmt die Anzahl der Eier über einen gewissen Zeitraum zu. Bei Weibchen im fortgeschrittenen Alter wird die Anzahl der Eier wieder geringer.

Eizeitigung und Schlupf

Damit in den Schildkröteneiern neues Leben heranwachsen kann, sind je nach Art unterschiedliche Umgebungstemperaturen nötig. Sinkt die Bodenwärme unter einen bestimmten Temperaturbereich, verläuft die Entwicklung stark verlangsamt oder wird nahezu eingestellt, bei einem Überschreiten des Temperaturmaximums stirbt der Embryo ab.

Im übrigen ist von vielen Arten bekannt, daß die Umgebungstemperaturen auch Einfluß auf das künftige Geschlecht nehmen. Je nachdem, welche Temperaturen in einem bestimmten Zeitabschnitt der Eientwicklung vorherrschen, schlüpfen später Weibchen oder Männchen aus. Die in der Natur herrschenden Temperaturschwankungen sorgen gewöhnlich dafür, daß sich das Geschlechtsverhältnis innerhalb einer Population nicht zu sehr zu Ungunsten eines Geschlechtes verschiebt.

Wochen oder Monate nach der Eiablage – je nach Schildkrötenart – schlüpfen die Jungen. Um die Eischalen öffnen zu können, bildet sich bei den Jungtieren sehr vieler Arten auf der Schnauzenspitze ein sogenannter „Eizahn". Durch Bewegungen des Kopfes ritzen sie mit diesem hornigen Gebilde die Eihüllen auf, erweitern mit den Vorderbeinen die Schalen und holen erst einmal tief Luft. Gewöhnlich befindet sich bei den Tierchen auf der Bauchseite noch ein Teil des Dottersackes. Bis er völlig in die dafür vorgesehene Bauchöffnung gesogen wird, verharren die Schlüpflinge noch in den Eischalen. Hat sich die Bauchspalte geschlossen, verlassen sie die Eihüllen. Sie müssen sich nun selbständig aus der Nistgrube befreien.

In einigen trockenen Regionen oder in Trockenzeiten müssen die Jungen nach dem Schlüpfen in der Nisthöhle verharren und können sie erst nach Einsetzen der Regenzeit durch den nun aufgeweichten Boden verlassen. Es gibt aber auch Arten (z.B. Europäische Sumpfschildkröte), deren Junge die kalte Jahreszeit in ihrer Nistgrube überdauern (Winterstarre). Aus spät abgelegten Eiern schlüpfen die Jungtiere manchmal im Spätherbst, verlassen aber erst im folgenden Frühjahr, wenn die Umgebungstemperaturen wieder günstiger werden, das Erdreich.

Vor der Anschaffung

Kritische Vorüberlegungen

Um es gleich vorweg zu sagen: Für Kinder sind Schildkröten – und insbesondere Sumpf- und Wasserschildkröten – keine geeigneten Tiere. Mit ihnen kann man nicht schmusen, sondern man kann lediglich ihr Verhalten beobachten. Das wird Kindern in der Regel schnell zu langweilig. Außerdem sind sie mit den Pflegearbeiten meist überfordert. Auch wenn Sie selbst Gefallen an diesen Reptilien gefunden haben,

sollten Sie sich nicht vorschnell zum Kauf entschließen. Prüfen Sie vorab genau, ob Sie die nötigen Voraussetzungen mitbringen, denn Tierliebe allein reicht bei weitem nicht aus:

1. Viele Sumpf- und Wasserschildkröten können bei guter Pflege zwischen 40 und 60 Jahre alt werden. Sie sind also im wahrsten Sinne des Wortes „eine Anschaffung fürs Leben". Seltenere Arten kann man bei Bedarf relativ leicht bei anderen Pflegern unterbringen, in den mei-

Verschiedene Altersstufen der Rotwangen-Schmuckschildkröte (Trachemys scripta elegans)

▮ *Schnappschildkröten (Chelydra serpentina) können recht groß werden und gefährlich zubeißen (Abb. links). Junge Exemplare verführen häufig zum unüberlegten Kauf (Abb. rechts)*

sten zoologischen Gärten gibt es aber mittlerweile eine Schildkröten-Schwemme. Zoos weigern sich daher gewöhnlich inzwischen, weitere Sumpf- und Wasserschildkröten aufzunehmen.

2. Keine Sumpf- oder Wasserschildkröte bleibt so groß wie ein 5-DM-Stück. Die süßen „Baby-Schildkröten", wie sie üblicherweise im Zoofachhandel angeboten werden, können relativ schnell eine Größe erreichen, die dementsprechend große Terrarien erforderlich macht (siehe S. 33).

Wichtig: Achten Sie vor der Anschaffung unbedingt darauf, wie groß die jeweilige Art einmal werden wird.

3. Die Schildkröten machen nicht nur Freude sondern auch Arbeit. Neben dem täglichen Füttern fallen bei der Haltung in einem Zimmerterrarium verschiedene Pflegemaßnahmen an, z. B. tägliches Entfernen von Futterresten und wöchentlicher Wasser-, Teilwasser- oder Filterwechsel. Vernachlässigte Sumpf- und Wasserschildkröten-Terrarien werden sehr schnell unansehnlich und zu einer erheblichen Geruchsbelästigung.

Artenschutzbestimmungen

Am 3. März 1973 wurde in den USA das Washingtoner Artenschutzübereinkommen (WA) vereinbart und bei der UNO registriert. Es regelt den internationalen Handel mit freilebenden Pflanzen und Tieren, die in ihrem Fortbestand gefährdet sind. Dabei wurden die Arten nach ihrem Gefährdungsgrad in zwei Anhänge gefaßt: Anhang I beinhaltet alle unmittelbar von der Ausrottung bedrohten Arten. Nur in Ausnahmefällen wird der Handel damit zugelassen. Anhang II enthält alle Arten, die heute zwar noch nicht direkt vom Aussterben bedroht sind, jedoch durch einen unkontrollierten Handel in ihrer Existenz bedroht würden.

Schildkröten, die im Washingtoner Artenschutzübereinkommen aufgeführt sind, dürfen nur mit den notwendigen Papieren (CITES-Bescheinigung) gehandelt werden.

Für die Mitgliedsländer der Europäischen Gemeinschaft (EG) gilt darüber hinaus die EG-Verordnung 338/97. Sie wurde 1997 aktualisiert, um den Erfordernissen des europäischen Binnenmarktes gerecht zu werden. Die neue Regelung setzt das Washingtoner Artenschutzübereinkommen und weitere europäische Schutzbestimmungen um und regelt einheitlich für alle EU-Länder die Ein- und Ausfuhr sowie Vermarktung der entsprechenden Pflanzen- und Tierarten. Schildkröten, die in den verschiedenen Verordnungen aufgeführt sind (es gibt ebenfalls unterschiedliche Anhänge hierzu), darf man nur mit der jeweiligen Ausnahmegenehmigung halten oder handeln. Die Verordnungen regeln auch die Formalitäten, die beim Erwerb, bei der Haltung, Zucht und Weitergabe von Schildkröten zu beachten sind. Dabei gelten die Bestimmungen nicht nur für Terrarianer, sondern auch für Händler und wissenschaftliche Einrichtungen!

Wichtig: Die für den Artenschutz zuständigen Behörden sind die jeweiligen Landschaftsbehörden der Kreise und kreisfreien Städte. Sie stellen nicht nur die notwendigen Bescheinigungen (CITES etc.) aus, sondern informieren auch über die aktuellen Rechtsbestimmungen.

Man sollte als zukünftiger Schildkrötenhalter mit der Sachbearbeiterin/ dem Sachbearbeiter der zuständigen Behörde Kontakt aufnehmen und dort klären, ob es sich bei den gewünschten Arten um solche handelt, die in den erwähnten Bestimmungen aufgeführt sind. Dabei können dann auch Formalitäten abgesprochen und geklärt werden.

Der Kauf

Woher bekommt man Sumpf- und Wasserschildkröten?

Die Suche nach Sumpf- oder Wasserschildkröten führt meist in den Zoofachhandel. Dort werden vor allem amerikanische Schmuckschildkröten angeboten, die in den USA in großen Farmen gezüchtet werden. Bei den übrigen im Handel erhältlichen Arten handelt es sich gewöhnlich um Wildfänge.

Bei den aus Farmen stammenden Schildkröten bemängeln Kritiker vor allem, daß dort Wildfänge als Zuchttiere eingesetzt werden und daß die übermäßige Entnahme dieser Tiere aus der Natur lokal zu erheblichen Einbrüchen in den Populationen geführt hat.

Aufgrund der hohen Individuenzahl auf engem Raum können sich in den Farmen Krankheiten leicht ausbreiten, und nicht selten entstehen durch Auseinandersetzungen ebenfalls hohe Verluste. Unmittelbar nach der Eiablage werden die Gelege ausgegraben und künstlich bebrütet. Nach dem Schlüpfen werden die Tierchen in Boxen aufbewahrt und gewöhnlich bereits wenige Tage später in den Handel gegeben. Vor allem bei Großhändlern kann man sie oft zu Hunderten in Becken sehen, die mehr zweckmäßig als artgerecht eingerichtet sind. Oft erhalten die „Baby-Schildkröten" auch nur wenig Futter, um die Verschmutzung des Wassers in Grenzen zu halten. Die Pflege der Schlüpflinge beschränkt sich in der Regel nur auf den Wasserwechsel und die Entnahme von gestorbenen Exemplaren. In den Zoofachgeschäften werden die Tiere dann in den meisten Fällen in kleinen Gruppen gemeinsam gepflegt.

Ausschlaggebend für Ihre Kaufentscheidung sollten die Haltungsbedingungen im Zoogeschäft und der Gesundheitszustand der Tiere sein (siehe S. 28).

Wichtig: Nur wenn die Schildkröten beim Zoohändler artgerecht untergebracht sind (Wassertemperatur bei ca. 25 °C, Landteil, der für die Tiere

Jungtiere der Buchstaben-Schmuckschildkröte, hier die Unterart Trachemys scripta scripta, warten auf einen Käufer

bequem zu erreichen ist, mit darüberhängendem Wärmestrahler), sollte man dort auch kaufen.

Weitere Möglichkeiten, Sumpf- oder Wasserschildkröten zu erwerben, bieten die Anzeigenteile der Fachzeitschriften – und unter ihnen vor allem der Rundbrief der Deutschen Gesellschaft für Herpetologie und Terrarienkunde e. V. (DGHT). Die Angebotsliste wird allen Mitgliedern dieser Gesellschaft viermal jährlich zugestellt.

Woran erkennt man eine gesunde Schildkröte?

Bevor Sie eine Schildkröte erwerben, prüfen Sie genau, ob es sich um ein gesundes Exemplar handelt! Bitten Sie den Verkäufer, den Schildkröten Futter anzubieten. Gehen die Tiere mit sichtbarem Appetit daran, ist das ein guter Hinweis auf die Gesundheit der Schildkröten. Folgender kleiner Konditionscheck ist ebenfalls hilfreich, um festzustellen, ob ein Tier fit oder bereits krank

und geschwächt ist: Eine gesunde
Schildkröte wird sich mit ihren Vorderbeinen problemlos zwischen
Ihrem gespreizten Daumen und
Zeigefinger halten können. Ist sie
dagegen krank, wird sie kraftlos zwischen Ihren Fingern hindurchrut-
schen. Woran Sie weiterhin erkennen können, ob Sie ein gesundes
Tier vor sich haben, zeigt Ihnen die
Checkliste auf Seite 30.

Je mehr Punkte Sie eindeutig mit
„Ja" beantworten können, um so
eher können Sie davon ausgehen,
daß die Schildkröte wirklich kernge-
sund ist.

Eine gesunde Schildkröte hält sich kraftvoll fest

Der Heimtransport

Häufig werden mir zu groß oder
lästig gewordene Sumpf- und
Wasserschildkröten gebracht. Und
fast immer werden die Schildkröten
in einem Eimer mit Wasser transportiert, als wenn es sich bei ihnen um
Kiemenatmer handeln würde. Dabei
sollten auch Sumpf- und Wasserschildkröten grundsätzlich trocken
transportiert werden.

Um sie vor zu großen Temperaturschwankungen und Verletzungen zu
schützen, sollte man den Transport
gut vorbereiten. Von Händlern wer-

den vor allem Jungtiere einfach in
Plastikbeutel gepackt, in denen sie
während des Transportes hin und
her rollen – dabei können die Tiere
Schaden nehmen!

Nehmen Sie je nach Größe der
Schildkröte einen mit Deckel ver-
schließbaren Karton oder eine größere Kunststoffschachtel. Polstern
Sie den Boden und die Wände mit
Schaumstoff oder Tüchern. Es können auch Schaumstoffwürfel als

Unser Tip

Besonders gut geeignet sind Styro-
porboxen, in denen Zoohändler
Fische geliefert bekommen. Fragen Sie Ihren Zoohändler danach!

◆ *Der Panzer ist fest (lediglich bei wenige Wochen alten Jungtieren und Weichschildkröten darf er weich und elastisch sein) und frei von Verletzungen*

◆ *Haut und Weichteile sind frei von Wunden und Parasiten*

◆ *Die Augen sind offen und klar*

◆ *Die Schildkröte atmet geräuschlos und sondert weder Schleim noch Bläschen aus Mund oder Nase ab*

◆ *Sie schwimmt normal geradeaus und zeigt keine Schräglage*

◆ *Sie taucht schnell und problemlos zum Grund*

Polster verwendet werden. Stellen Sie die Transportbox nun zum Temperaturausgleich für einige Zeit geöffnet in den Raum, in dem sich die zu transportierende Schildkröte befindet. Anschließend setzen Sie das Tier in die Box, schließen den Deckel und bringen den Behälter in der gleichen Lage zu seinem Bestimmungsort. Keineswegs darf die Box während des Transports der prallen Sonne oder einer deutlich kühleren Umgebung ausgesetzt sein. Bei Transporten während der kühleren Jahreszeit kann man den Transportbehälter mit warmen Tüchern oder einer Decke umhüllen, notfalls mit einer Wärmflasche darüber.

Das Zimmerterrarium

Wie jedes Lebewesen, so sind auch Sumpf- und Wasserschildkröten an die klimatischen Bedingungen ihres natürlichen Lebensraums optimal angepaßt. Wollen wir diese Tiere erfolgreich pflegen oder sogar vermehren, müssen wir ihnen daher möglichst ähnliche Temperatur- und Lichtverhältnisse bieten wie in ihrer natürlichen Umgebung.

Da die Freilandhaltung in unseren Breiten nur zeitlich begrenzt möglich ist, ist die Einrichtung eines Zimmerterrariums, in dem die Schildkröten von Wettereinflüssen unabhängig gepflegt werden können, unumgänglich.

Die Standortwahl

Wo das Terrarium seinen Platz bekommt, sollte sorgfältig erwogen werden, denn ist es erst einmal eingerichtet und bewohnt, ist ein Standortwechsel eine äußerst mühsame Angelegenheit. Bei den Überlegungen für den richtigen Standort sollten Sie auch bedenken, daß das

Terrarium samt Einrichtung ein beträchtliches Gewicht haben wird. Bei Altbauwohnungen kann dies eventuell zu Problemen führen. Sicherheitshalber sollten Sie sich daher nach der Tragfähigkeit des Bodens erkundigen. Darüber hinaus gibt es grundsätzlich einige Standorte, die nicht für das Aufstellen von Terrarien geeignet sind:

▬ Schwenkbereiche von Türen und Fenstern (Glasbruchgefahr!).

▬ Räume, in denen viel geraucht wird!

▬ *Eine der häufigsten Cuora-Arten in Terrarien: die Amboina-Scharnierschildkröte (Cuora amboinensis)*

■ Räume, die mehr als 10 °C wärmer oder kühler als die gewünschte Terrarientemperatur sind!

■ vor schlecht isolierten Außenwänden. Zwischen Terrarium und Wand kann es dort zur Schimmelbildung kommen!

■ vor Südfenstern. Durch direktes Sonnenlicht kann es im Sommer schnell zu einer Überhitzung kommen.

■ vor Heizkörpern, da die Luftzirkulation des Raumes gestört wird.

Der Behälter

Für Sumpf- und Wasserschildkröten sind die im Handel erhältlichen Terrarien nur bedingt geeignet, da sie von ihrem Aufbau her eher für reine Landbewohner konzipiert wurden. Aquarien sind für die Haltung hingegen ideal.

Dabei sollten wir uns nicht von der Tatsache verwirren lassen, daß man einen Behälter, in dem man Sumpf- oder Wasserschildkröten pflegt, trotzdem Terrarium nennt, auch wenn er lediglich mit etwas Wasser gefüllt ist. Die Bezeichnung Terrarium wird einfach deshalb gebraucht, weil Schildkröten Lungenatmer und keine Kiemenatmer wie

die Fische sind. Genaugenommen müßte man diese Becken als „Aqua-Terrarien" bezeichnen.

Im Handel gibt es für unsere Zwecke Aquarien in fast allen benötigten Größen. Dabei handelt es sich heute immer um Vollglasaquarien, d.h., die Glasscheiben werden lediglich mit Silikonkautschuk zusammengeklebt. Mit etwas technischem Geschick können Sie sich Ihr Aqua-Terrarium auch selbst bauen, zumal Sie dann unabhängig von den käuflichen Maßen sind. Bauanleitungen finden Sie z.B. bei Rogner und Ullrich (genaue Literaturangaben siehe Anhang).

Wie groß muß das Terrarium sein?

Entscheidend für die erforderliche Größe des Behälters sind die maximalen Panzerlängen der gewünsch-

Unser Tip

Beabsichtigen Sie, ein besonders großes Terrarium zu bauen, planen Sie in den Wasserteil gleich einen Abfluß mit ein. Auf diese Weise läßt sich der in der Regel wöchentlich fällige Wasserwechsel leichter durchführen.

ten Schildkröten und die Gesamt-
anzahl der Tiere.

Für eine Art errechnet sich die Be-
hälterlänge aus der Panzerlänge (PL)
multipliziert mit einem bestimmten
Faktor. Für die Breite des Behälters
ist die Hälfte der errechneten Länge
erforderlich.

Wichtig: Die errechnete Behälter-
größe gilt für maximal zwei Tiere
der betreffenden Art. Für jedes weitere Exemplar sollten zusätzlich
mindestens 10 % mehr Grundfläche
zur Verfügung stehen, ab der fünften
Schildkröte dann 20 % mehr.

Bevor wir nun für zwei Tiere einer
Art konkret die Behältermaße bestimmen können, muß noch gesagt
werden, daß die in diesem Buch
vorgestellten Schildkröten (siehe
S. 58 ff.) sechs Gruppen zugeordnet
wurden. Die Arten einer Gruppe
haben ähnliche Haltungsansprüche
und daher auch den gleichen
Berechnungsfaktor.
Nun ein Rechenbeispiel:
Chrysemys picta (Zierschildkröte)
gehört zur Gruppe 4. Für diese
Gruppe lautet der Berechnungsfaktor 5 (siehe S. 62). Für zwei jüngere Exemplare von *Chrysemys
picta* mit einer PL von jeweils 10 cm

benötigen Sie demnach ein
Terrarium mit einer Länge von
10 cm x 5 = 50 cm und entsprechend einer Breite von 25 cm.
Für Schildkröten, die sehr an das
Wasser gebunden leben, ist der
erforderliche Landteil noch zuzüg-
lich zu rechnen. Das ist nicht der
Fall, wenn er durch einen Steg
erreichbar ist und darunter die erforderliche Wasserfläche bietet.

Das technische Zubehör

Es gibt nur wenige Schildkrötenarten, die bei Zimmertemperatur
und Raumlicht, d.h. ohne zusätzliche künstliche Beleuchtung, zu
halten sind. Hierzu gehören jene
Arten, die sich tagsüber sowieso versteckt halten und erst mit Einbruch
der Dämmerung aktiv werden wie
z.B. die meisten Vertreter der Gattung *Kinosternon* und die Schnappschildkröten *(Chelydra)*.
In der Regel ist man auf Kunstlicht
und, um die benötigten Temperaturen zu gewährleisten, auch auf
künstliche Heizquellen angewiesen.
Darüber hinaus sind einige Meßge-
räte unentbehrlich, um stets einen
Überblick über die Temperaturver-
hältnisse im und außerhalb des Was-

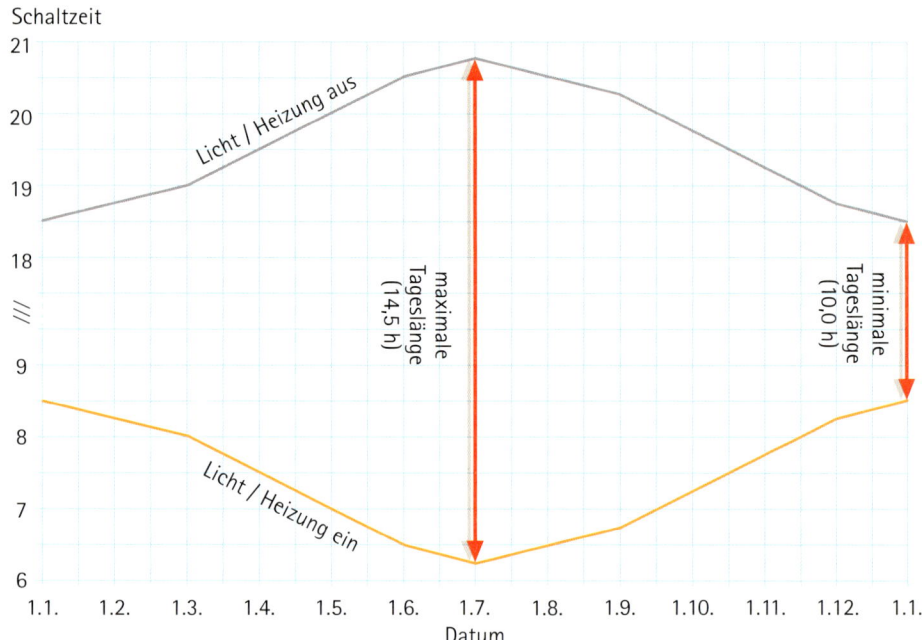

Schaltzeit

Licht / Heizung aus

maximale Tageslänge (14,5 h)

minimale Tageslänge (10,0 h)

Licht / Heizung ein

21
20
19
18
//
9
8
7
6

1.1. 1.2. 1.3. 1.4. 1.5. 1.6. 1.7. 1.8. 1.9. 1.10. 1.11. 1.12. 1.1.

Datum

Tägliche Beleuchtungs- und Heizdauer in einem Zimmerterrarium im Jahresverlauf (Beispieldiagramm)

sers sowie über die vorherrschende Luftfeuchtigkeit zu haben.

Wichtig: Der Jahresrhythmus der Schildkröten muß bei der Haltung unbedingt berücksichtigt werden, denn er steuert die biologische Uhr der Tiere.

Die jahreszeitlichen Unterschiede in der Temperatur und in der Tageslichtdauer nehmen Einfluß auf viele Lebensvorgänge, einschließlich der Produktion von Ei- und Samenzellen. Stellen Sie daher fest, wie die Klimaverhältnisse im Verbreitungsgebiet Ihrer Schildkröten sind. Erstellen Sie dann einen Plan über den Jahresrhythmus und steuern danach mit Hilfe einer Zeitschaltuhr die Beleuchtungszeiten und Temperaturen im Zimmerterrarium (siehe Abb. oben).
Nachfolgend ein paar Tips, worauf Sie als Neuling bei der Anschaffung und Installation des technischen

Zubehörs achten sollten. Eine Übersicht, welche Kosten mit der Anschaffung eines Zimmerterrariums für Sumpf- und Wasserschildkröten auf Sie zukommen, zeigt Ihnen die Übersicht auf Seite 37.

Beleuchtung

Leuchtstofflampen sind besonders kostengünstige Lichtquellen. Bei der Auswahl der Fabrikate sollten Sie darauf achten, daß das ausgestrahlte Licht dem Tageslicht möglichst nahekommt. Besonders empfehlenswerte Fabrikate sind Lumilux DE LUXE Daylight (OSRAM) und TLD Lampen (PHILIPS) mit der Lichtfarbe 95. (Die Lichtfarbe oder Farbwiedergabe wird als sogenannter Ra-Index angegeben. Er umfaßt eine Skala von 0–100, wobei die höchste Zahl die beste Farbwiedergabe bedeutet.) Halogen-Metalldampflampen (HQI) haben ein sehr natürliches Farbspektrum. Sie sind ab einer 70-W-Leistung empfehlenswert. Bewährt haben sich zum Beispiel die Typen OSRAM „Power-Star" HQI TS 70 NDL oder PHILIPS MHN-TD-70 W.

Heizung

Wärmestrahler sind unentbehrlich. In ihrem Licht- und Wärmekegel „sonnen" sich die Schildkröten ger-

ne. Die Fabrikate PHILIPS PAR 38 EC spot Engstrahler 60 W und OSRAM CONCENTRA PAR 38 EC 60sPEC sind langlebig und den preiswerteren Strahlern vorzuziehen. Die gewünschte Temperatur regelt man durch den Abstand des Strahlers vom Bodengrund des Terrariums.

Regelbare Aquarienheizstäbe werden für die Erwärmung des Wasserteils benötigt. Es gibt sie in unterschiedlichen Wattstärken. Errechnen Sie vor dem Kauf des Heizstabes das Wasservolumen und lassen Sie sich von einem Zoofachhändler beraten.

Wichtig: Das Kabel des Heizstabes muß so verlegt werden, daß die Schildkröten nicht hineinbeißen können. Führen Sie es dazu in einer Ecke des Terrarium nach oben, und fixieren Sie es mit einem Klebeband.

Die Thermometer zur Kontrolle von Luft- und Wassertemperatur im Terrarium sind selbstverständlich so zu installieren, daß sie leicht abzulesen sind. Um die mittleren Werte in dem Behälter zu erfahren, kann es auch sinnvoll sein, je zwei Thermometer im Wasser- und auf dem Landteil anzubringen: Jeweils einen dicht an der Wärmequelle und den anderen möglichst weit davon entfernt. So läßt sich ein Durchschnittswert ermitteln.

Filterung und Belüftung

Damit das Wasser im Becken ansehnlich und geruchsfrei bleibt, müssen die Schwebstoffe aus Futterresten und Kot ständig herausgefiltert werden. Generell sollte man dafür auf einen Außenfilter zurückgreifen. Ein Innenfilter würde den Schildkröten zum einen wertvollen Schwimmraum wegnehmen, zum anderen können viele Innenfilter bei sehr niedrigem Wasserstand, wie er in vielen Schildkrötenbecken üblich ist, überhaupt nicht arbeiten. Außenfilter von der Fa. EHEIM haben sich gut bewährt. Den Ausströmer richtet man so über dem Wasserteil aus, daß das von der Pumpe zurückströmende Wasser in den Wasserteil hineinplätschert. So vermeidet man starke Strömungen. Es gibt auch Filterpumpen mit eingebauter Heizung. Dadurch erübrigt sich der Heizstab.

Wichtig: Für Schildkröten, bei denen sich im Jahreszyklus die Wassertemperaturen ändern müssen, ist ein regelbarer Aquarienheizstab unentbehrlich.

Für die Belüftung und gleichmäßige Durchmischung des Wassers gibt es Aquarien-Membranpumpen. Sie pressen Luft durch einen Schlauch und Ausströmer. Dadurch wird dem Wasser Sauerstoff zugefügt, es wird kontinuierlich in leichter Bewegung gehalten und Temperaturunterschiede werden ausgeglichen. Schließlich erhöht sich durch den Betrieb einer Membranpumpe auch die Luftfeuchtigkeit im Becken.

Die Kosten

Obwohl auch junge amerikanische Schmuckschildkröten mittlerweile bereits zwischen 25 und 35 DM kosten, sind dies immer noch erschwingliche Beträge. Die eigentlichen Kosten entstehen erst durch die Anschaffung des Terrariums und des notwendigen Zubehörs. Welche Aufwendungen dabei auf Sie zukommen, zeigt die nebenstehende Übersicht.

Die Einrichtung

Sämtliche in diesem Buch vorgestellten Schildkrötenarten lassen sich, wie bereits erwähnt, sechs unterschiedlichen Gruppen zuordnen (siehe S. 58 ff.).

Kostenaufwand für ein Zimmerterrarium für Sumpf- und Wasserschildkröten

Aquarium (100 x 50 x 50 cm [L, T, H])	ca. 300,– DM
oder Aquarium (100 x 50 x 60 cm [L, T, H])	ca. 300,– bis 350,– DM
Beleuchtung	
Beleuchtungskasten mit 2 Leuchtstoff-röhren, schwarzer Kunststoff *oder* mit 2 Leuchtstoffröhren, Alu, broncefarben	ca. 250,– DM
2 Verteilerstecker (3fach)	ca. 6,– bis 8,– DM
Wärmequellen für den Landteil	
Spot- oder Konzentra-Strahler, komplett *oder* HQL- *oder* HQI-Strahler, komplett (80/120 Watt)	ca. 20,– bis 25,– DM ca. 150,– DM
Wärmequellen für den Wasserteil	
Aquarien-Stabheizer (150 Watt, regelbar)	ca. 30,– bis 40,– DM
Meßinstrumente	
1 Wasserthermometer	ca. 3,50 bis 5,– DM
1 Luftthermometer	ca. 5,– bis 8 ,– DM
Sonstiges	
1 Zeitschaltuhr	ca. 15,– bis 30,– DM
Außenfilter für Wasserteil (240 – 300 l/h) *oder* Außenfilter für Wasserteil wie oben, heizbar	ca. 80,– DM ca. 110,– bis 150,– DM

Dabei richtet sich die Gruppenzugehörigkeit nach der Größe, den artspezifischen Ansprüchen an den Lebensraum und nach der Lebensweise der jeweiligen Art.

Für die sechs Gruppen genügen fünf verschiedene Einrichtungstypen, die nachfolgend vorgestellt werden. Je nach Geschmack des Pflegers und Verträglichkeit der Tiere kann die Einrichtung noch variiert werden. Angaben über Wasserstand, Terariengröße und einen eventuell nötigen Wärmestrahler und dessen Positionierung finden Sie bei der jeweiligen Gruppe, da diese Maße von der Größe der jeweiligen Schildkrötenart abhängen.

In den Sommermonaten kann man die Gelbe Sumpfschildkröte (Mauremys mutica) auch in einer Freilandanlage halten

Typ 1: Aqua-Terrarium für schlecht schwimmende Schildkröten

Diese Becken sind für Arten gedacht, die nicht besonders gut schwimmen können. Daher ist der Wasserstand auch nicht so hoch zu bemessen. Gewöhnlich genügt als Wasserhöhe die doppelte Breite des Panzers.

Da es sich um ruhige, meist sehr versteckt lebende Arten handelt, benötigen die Tiere zu ihrem Wohlbefinden eine Versteckmöglichkeit. Hierzu können Moorkienwurzeln dienen, die aber so in den Wasserteil gelegt werden müssen, daß die Schildkröten sich nicht verfangen und ertrinken können. Ein besonders einfaches und sicheres Versteck bietet der Platz unter dem Landteil. Dafür stellt man den Landteil so auf zwei geeignete Ziegelsteine, daß er ein Stück über dem Wasser liegt. Die Schildkröten können sich darunter verbergen und dort auch Luft holen.

Der Landteil besteht in der Regel aus einer Kunststoffschale, die man mit einem Erde-Sand-Gemisch im Verhältnis 1:1 füllt und auf eine geeignete Auflageplatte, z.B. eine Fliese oder Glasscheibe, stellt. Der Landteil dient bei diesen Schildkröten vorwiegend als Eiablageplatz und sollte über einen Steg erreichbar sein (siehe Abb. unten). Dieser muß eine rauhe Oberfläche besitzen, damit die Tiere problemlos zwischen Land- und Wasserteil hin und her wechseln können.

Als Material für den Steg eignet sich ebenfalls eine schmale Fliese oder Glasscheibe, auf die man Korkstückchen oder Steinchen klebt, um die Fläche rutschfest zu machen. Mit Silikonkautschuk kann man den Steg am Landteil befestigen.

Zusätzlich benötigen die Schildkröten für den Terrarientyp 1 einen Wärmestrahler, den man am besten auf den Steg richtet.

Typ 2: Aqua-Terrarium für Weichschildkröten

Weichschildkröten können sehr gut schwimmen und sind oft recht bissig. Ihr Panzer bietet ihnen nur einen geringen Schutz, daher verbergen sie sich gerne in lockerem Bodensubstrat. In ihrem Aqua-Terrarium muß der Boden mit feinem

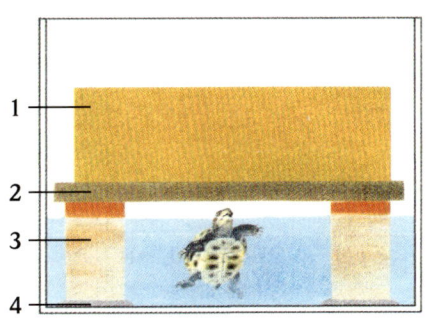

Aqua-Terrarium Typ 1. Ansicht von hinten (Abb. links) und von der Seite (Abb. unten). 1 Landteil, 2 Auflageplatte, 3 Ziegelstein, 4 Schaumstoff, 5 Steg zum Landteil

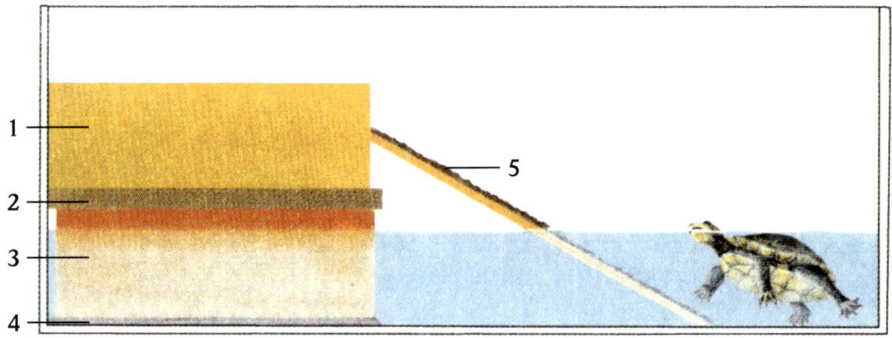

Aqua-Terrarium Typ 2

rundkörnigem Sand ausgestattet sein. Als Bodenhöhe ist etwa die doppelte Panzerhöhe angebracht. Wühlen sich die Schildkröten in den Bodengrund, wird automatisch ihr Panzer von Mikroorganismen oder Algen gereinigt. Scharfkantiger Sand könnte zu Verletzungen führen und darf nicht verwendet werden. Der Sand muß gut ausgewaschen sein, da sonst bei jedem Eingraben der Schildkröte Schwebstoffe aufgewirbelt werden.

Zum Sonnenbaden treiben Weichschildkröten dicht unter der Wasseroberfläche. Deshalb ist darauf ein Wärmestrahler zu richten. Ein flacher Stein genügt als Landteil. Nur bei trächtigen Weibchen hängt man einen Landteil in das Becken, ähnlich wie bei anderen Aqua-Terrarien. Zur Dekoration kann man einen Pflanzenkasten mit Ampelpflanzen außer Reichweite der Schildkröten befestigen (siehe Abb. oben).

Typ 3: Aqua-Terrarium für gut schwimmende Sumpf- und Wasserschildkröten

Charakteristisch für diese Aqua-Terrarien sind der verhältnismäßig hohe Wasserstand und der großzügige Platz für Sonnenbäder. Als „Platz an der Sonne" genügt je nach Beckengröße eine Kunstinsel aus Steinen oder ein dicker Ast, der aus

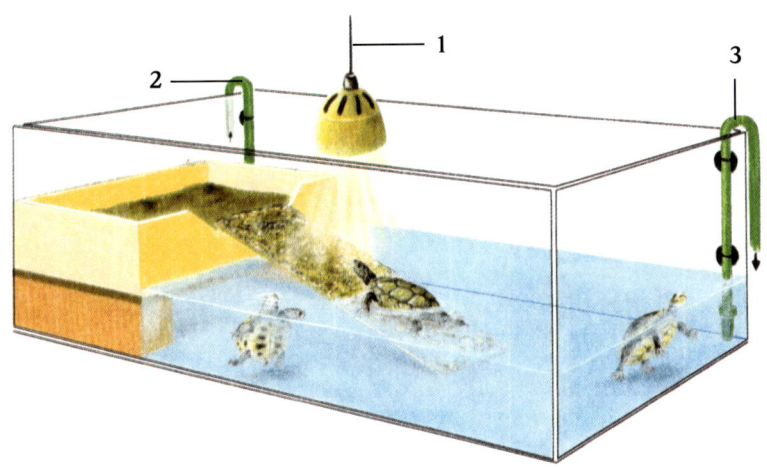

Aqua-Terrarium Typ 3. 1 Wärmestrahler, 2 Ausströmer von der Filteranlage, 3 Ansaugrohr von der Filteranlage

dem Wasser ragt – darauf richtet man den Wärmekegel des Strahlers. Man kann aber auch einen deutlich über der Wasseroberfläche angebrachten und über einen Steg erreichbaren Landteil in das Aqua-Terrarium installieren (siehe Abb.

Unser Tip

Um zu verhindern, daß die Schildkröten ständig Substratpartikel vom Land- in den Wasserteil einbringen und dadurch das Wasser zusätzlich belasten, richten Sie den Wärmestrahler am besten auf den Steg.

oben). Vor allem für trächtige Weibchen ist der Landteil unverzichtbar. Er sollte mit Erde und Sand im Verhältnis 1:1 gefüllt werden.

Typ 4: Aqua-Terrarium für Schildkröten der Uferzone

Für Schildkröten, die an der Grenze zwischen Wasser und Land leben und nahezu ebensooft im Wasser wie an Land anzutreffen sind, eignet sich dieser Einrichtungstyp (siehe Abb. nächste Seite).

Der Wasserteil darf nicht sonderlich tief sein, und der Landteil muß Versteckmöglichkeiten bieten. Da sich die Schildkröten gerne eingraben, bietet man ihnen im hinteren Terra-

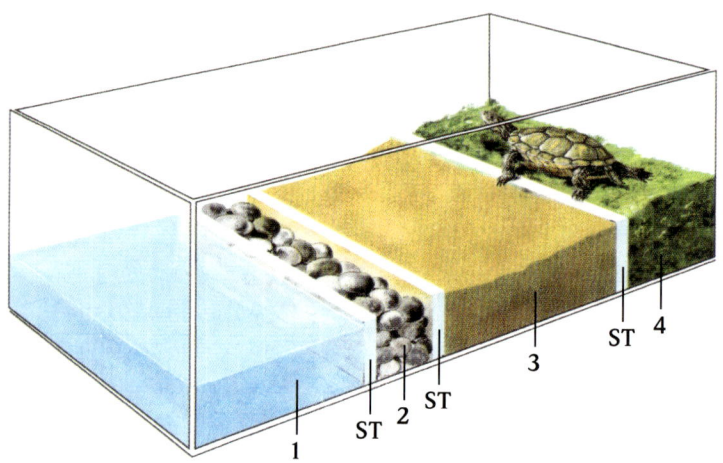

Aqua-Terrarium Typ 4. 1 Wasserteil, 2 Kiesdrainage, 3 Erde/Sand-Gemisch (Mischungsverhältnis 1:1), 4 Torfmoos, ST = Steg aus Glas als Abtrennung

rienbereich eine lockere Torfmoos-
füllung an. Torfmoos hat gegenüber
Erde oder Sand den Vorteil, daß es
nicht am Panzer haften bleibt und
somit das Wasser nicht verschmutzt
wird.
Land- und Wasserzone sollten etwa
gleich groß sein. Zur Trennung von
Land- und Wasserteil und als Über-
gangszone, um den Landteil vor
Überfeuchtung zu schützen, bietet
sich eine Drainageschicht aus Kies
an. Außerdem ist es sinnvoll, den
Landteil wie einen Uferabschnitt
deutlich höher als die Wasserstandshöhe anzulegen.

Typ 5: Aqua-Terrarium für vorwiegend an Land lebende Sumpfschildkröten

Im wesentlichen ist der Behälter so
einzurichten wie Typ 4, der Landteil
muß jedoch in jedem Fall deutlich
größer als der Wasserteil sein. Anstelle eines abgetrennten Wasser-
teiles kann man auch eine flache
Wasserschale in das Becken setzen.
Eine Kunsthöhle, z. B. aus Wurzel-
stücken oder hohl liegenden Stücken
der Korkeichenrinde, dient als Versteckmöglichkeit.

Das Freilandterrarium

Das Freilandterrarium ist im Gegensatz zum Zimmerterrarium eine dauerhafte Einrichtung. In ihm kann man vor allem Schildkröten der gemäßigten Breiten von Mitte Mai bis September halten. Auch für viele subtropische und tropische Arten ist der Aufenthalt im Freien in den Hochsommermonaten Juli/August von Vorteil. Hier zeigen sie oft plötzlich Verhaltensweisen, die sie im Zimmerterrarium nicht entfalten konnten. Zuvor zahme Schildkröten werden im Freiland häufig innerhalb kürzester Zeit wieder scheu, es sei denn, man füttert sie regelmäßig von einem „Futterstock" aus (siehe S. 49). Diese gezielte Fütterungstechnik hat zudem den Vorteil, daß das Wasser weniger durch Futterreste belastet wird.

Standort und Umfriedung

Für die Anlage eines Freilandterrariums ist im Garten unbedingt ein Standort zu wählen, der täglich möglichst lange dem Sonnenlicht ausgesetzt ist. Ein leicht abfallender Südhang ohne schattige Hindernisse ist als Standort am besten geeignet, denn dieser wird im Sommer bei klarem Himmel 10–12 Stunden von der Sonne beschienen. Schattenbildende Büsche oder Mauern dürfen nicht im Wege stehen. Da die Schildkröten, um sich abzukühlen, das Wasser aufsuchen können, braucht man auch keine schattigen Flächen mit einzuplanen.
Neben einer möglichst sonnigen Lage ist bei der Standortwahl außerdem darauf zu achten, daß die Schildkröten nicht ständig negativen Umwelteinflüssen ausgesetzt sind. Das Freilandterrarium sollte also z. B. nicht direkt neben einer stark befahrenen Straße angelegt werden. Neben den Abgasen würden dort auch die ständigen Erschütterungen durch vorbeifahrende Autos die Tiere belasten. Schließlich ist die Nähe von Laubbäumen ebenfalls nicht sehr vorteilhaft, da im Herbst das Laub in den Teich weht und dann für eine starke Schlammbildung sorgt.

Um die Schildkröten an einem Entweichen zu hindern, muß das Freilandterrarium rundum eingefriedet werden. Grundsätzlich sollte die Umfriedung 50–100 cm hoch sein und etwa 40 cm tief in den Boden reichen. Auf diese Weise lassen sich auch unerwünschte Gäste wie Maulwürfe oder Wühlmäuse fernhalten. Als Material für die Umfriedung eignen sich z. B. Holzbretter, Vierkant- oder Rundhölzer. Auch mit einer Ziegelmauer kann man das Terrain umfrieden. In jedem Fall sollten die Innenflächen glatt sein, damit die Tiere nicht daran emporklettern können. Bei rauhen Innenflächen muß die Umfriedung oben durch vorstehende Leisten gegen ein Überklettern gesichert sein. Es ist bemerkenswert, welche Höhen die Schildkröten kletternd überwinden können. Glaswände oder Maschendrahtzäune sind ungeeignet, weil die Schildkröten durch sie hindursehen können und dann oft ruhelos daran entlangwandern und auszubrechen versuchen.

Die Einrichtung

Der Teich

Obwohl es zahlreiche Möglichkeiten gibt, einen Teich anzulegen, hat sich für unsere Zwecke der Bau eines Folienteiches am besten bewährt. Dadurch sind vor allem sehr individuelle Teichformen realisierbar, wobei der Querschnitt aber immer der gleiche sein muß: An eine Flachwasserzone schließt stufenförmig eine tiefere Zone an, so daß die Schildkröten das Wasser leicht verlassen können. Es ist auch möglich, neben einem etwas tieferen Teich mit der gleichen Folie kleine Randtümpel einzuplanen. In diesen erwärmt sich das Wasser besonders schnell, und die Schildkröten können zwischen verschiedenen Kleingewässern wählen.

Die Folie ist unbedingt auf ein vorbereitetes Sandbett oder Schutzvlies zu legen, denn selbst ein kleiner

Unser Tip

Ist die Grundfläche Ihrer Anlage nicht zu groß, können Sie den Boden auch mit engmaschigem Maschendraht auslegen, um Wühlmäuse fernzuhalten. Darüber gestalten Sie dann die weitere Einrichtung. Die Fläche, die später der Teich einnehmen soll, können Sie selbstverständlich aussparen.

spitzer Stein oder ein Wurzelstück kann die Folie durch den Wasserdruck beschädigen, und die ganze Mühe war umsonst. Auch muß der Folienrand selbstverständlich überall gleich hoch sein, da sonst das Wasser an der tiefer liegenden Stelle abläuft und an den höher liegenden Stellen die Folie zu sehen ist.

Die Größe des Teiches richtet sich in erster Linie nach der zur Verfügung stehenden Fläche. Man sollte aber beachten, daß ein Teich mit guter Bepflanzung und einem Wasservolumen von einem Kubikmeter pro 1–2 Schildkröten noch eine gewisse Selbstreinigungskraft besitzt und nicht so oft gereinigt werden muß wie ein kleinerer. Die Wassertiefe sollte 80–100 cm betragen. Wichtig sind aber vor allem die Flachwasserbereiche mit einer Tiefe von 10–30 cm.

Für die Bepflanzung des Teichs halten Garten-Center und größere

Ideal für Freilandterrarien: die Kaspische Wasserschildkröte (Mauremys caspica). Hält man eine größere Gruppe, kann man auch in unseren Breiten jährlich mit Eiablagen rechnen

Gärtnereien ein reichhaltiges Angebot bereit. Eine Übersicht, welche Pflanzen sich für die verschiedenen Tiefenzonen im Teich eignen, gibt Ihnen die Tabelle auf der nächsten Seite.

Unser Tip

Entfernen Sie in regelmäßigen Abständen einfallendes Laub und abgestorbene Pflanzenteile aus dem Teich, um die Schlammbildung zu reduzieren!

Der Landteil

Für die meisten Sumpf- und Wasserschildkröten ist der Landteil im Freilandterrarium nur von untergeordneter Bedeutung. Sie benutzen ihn meist nur für kurze Wanderungen oder zur Eiablage.

Teichpflanzen

Pflanzen für die Uferzone

Name	Wuchshöhe	Blütezeit/Monat	Blütenfarbe	Wassertiefe
Wiesenknöterich (Polygonum bisorta)	60-80	5-7	rosa	0-10
Bach-Ehrenpreis (Veronica beccabunga)	20-30	5-8	blau	5-15
Pfennigkraut (Lysimachia nummularia)	5-10	6-9	gelb	0-10
Sumpfvergißmeinnicht (Myosotis palustris)	30-40	6-10	hellblau	0-10
Igelkolben (Sparganium erectum)	30-60	6-9	weißlich-grün	5-20
Zwerg-Igelkolben (Sparganium minimum)	20-30	7-9	weißlich-grün	5-15
Froschlöffel (Alisma plantago-aquatica)	30-50	7-9	weiß-rötlich	5-20
Blutweiderich (Lythrum salicaria)	70-100	7-9	karmin-rot	0-10
Sumpfdotterblume (Caltha palustris)	20-30	4-5	gelb	0-10
Wollgras (Eriophorum angustifolium)	30-40	4-7	weiß	0-10
Fieberklee (Menyanthes trifoliata)	20-30	5-6	weiß	5-10
Sumpfwolfsmilch (Euphorbia palustris)	50-100	5-6	grüngelb	5-10
Flatter-Binse (Juncus effusus)	30-75	7-8	grünlich	5-10
Gold-Gilbweiderich (Lysimachia vulgaris)	bis 150	7-8	gelb	0-10

Pflanzen für die Sumpf- und Flachwasserzone

Name	Wuchshöhe	Blütezeit/Monat	Blütenfarbe	Wassertiefe
Wasserschwertlilie (Iris pseudacorus)	80-100	5-6	gelb	10-20
Wasser-Minze (Mentha aquatica)	40-60	7-8	lila-violett	10-30
Tannenwedel (Hippuris vulgaris)	30-40	5-7	grün	10-30
Pfeilkraut (Sagittaria sagittifolia)	bis 40 cm	6-8	weiß	10-20
Zungenhahnenfuß (Ranunculus lingua)	bis 90 cm	7-8	gelb	10-20
Kalmus (Acorus calamus)	bis 80	8-9	grün	10-20
Sumpf-Blutauge (Potentilla palustris)	15-30	6-8	purpur-rot	10-30
Brennender Hahnenfuß (Ranunculus flammula)	10-50	6-10	gelb	10-20
Wasser-Knöterich (Polygonum amphibium)	30-100	6-9	rosa	30-40
Gewöhnliche Teichbinse (Schoenoplectus lacustris)	100-300	6-7	bräunlich	30-50
Schwanenblume (Butomus umbellatus)	50-150	6-8	rosa	30-50
Wasserhahnenfuß (Ranunculus aquaticus)	Unterwasserpflanzen. Nur die Blüten sind oberhalb des Wasserspiegels	5-8	weiß	20-50
Froschbiß (Hydrocharis morsus-ranae)		6-8	weiß	20-40
Seekanne (Nymphoides peltata)		7-8	gelb	20-50
Wasserstern (Callitriche palustris)		5-9	grün	20-50
Wasserschlauch (Utricularia vulgaris)		6-8	gelb	30-50

Bei der Gestaltung des Teichumfeldes orientiert man sich am besten nach den Gegebenheiten in der Heimat der Schildkröten. Der Landteil kann als Uferbereich gestaltet werden, d. h., er steigt vom Teichrand aus langsam an und bietet so auch völlig trockene Stellen.

Für amerikanische Dosenschildkröten spielt der Teich nur eine untergeordnete Rolle. Sie halten sich vorwiegend an Land auf und suchen dort nach Schnecken, Würmern und Früchten. Der Landteil muß daher sehr großzügig gestaltet sein, während der Teich klein ausfallen darf. Einige dieser Schildkröten suchen zwar gelegentlich den Flachwasserbereich auf, anderen dient der Teich aber lediglich als Tränke.

Großzügige Freilandanlage für Land-, Sumpf- und Wasserschildkröten

◆ *Eiablageplatz*

Vor allem in Freilandterrarien geraten Schildkröten häufig in Fortpflanzungsstimmung, und es kommt zu Paarungen und Eiablagen. Die Weibchen vergraben ihre Gelege bevorzugt an etwas höher gelegenen Stellen, weil die Eier dort nach heftigen Regenfällen besser geschützt sind als in den Senken, wo sich das Wasser sammelt.

Es ist daher sinnvoll, innerhalb des Freilandterrariums an einer sonnenexponierten Stelle einen Hügel anzulegen. Damit die Schildkröten beim Graben der Nistkammer nicht ständig auf Hindernisse stoßen, verwendet man für den Hügel grabfähiges Material, wie Gartenerde, aus der man Steine, Wurzelstücke und andere Fremdkörper entfernt. Auf der Suche nach einem Eiablageplatz, aber auch bei ihren Wanderungen werden die Schildkröten den Eiablagehügel mit der Zeit immer wieder etwas abtragen – er sollte daher ab und an neu aufgeschüttet werden.

Die Pflege

Ernährung

Viele Sumpf- und Wasserschildkröten sind Gemischtköstler, d. h., sie ernähren sich von pflanzlicher und tierischer Kost. Die meisten bevorzugen aber fleischliche Nahrung. Jungtiere nehmen in ihren ersten Lebensjahren ausschließlich tierische Kost zu sich. Um keine Mangelerscheinungen oder -krankheiten zu riskieren, ist das Futter stets mit einem Vitamin- und Mineralstoffpräparat anzureichern. Im Zoohandel, aber auch in Apotheken, ist eine reiche Auswahl erhältlich.

Pflanzliche Kost

Läßt man im Wasserteil des Zimmerterrariums einige Wasserpflanzen treiben, wird man bald feststellen, ob einige davon auch den Schildkröten schmecken. Im Freilandteich mit seinem reichen Pflanzenbewuchs steht den Tieren sowieso eine große Auswahl zur Verfügung. Versuchsweise kann man Sumpf- und Wasserschildkröten auch einmal Spinat-, Salat-, Kohl- und Löwenzahnblätter anbieten. Viele amerikanische Schmuckschildkrötenarten vertilgen beachtliche Mengen davon!

Wichtig: Verfüttern Sie nur ungespritztes Gemüse, und pflücken Sie Wildkräuter nie auf frischgedüngten Weiden oder in der Nähe von stark befahrenen Straßen.

Futter für Fleischfresser

Als Futter bestens geeignet sind Regenwürmer und Tauwürmer (letztere sind auch im Anglerbedarfsgeschäft erhältlich). Sie sind nahrhaft und enthalten in ihrem Verdauungstrakt reichlich Vitamine und Mineralien. Man gibt die Würmer einfach in das Wasser. Durch ihre Bewegungen werden die Schildkröten animiert, danach zu schnappen. Im Wechsel mit dem Wurmfutter kann man den Schildkröten auch Rinderherz-, Rindfleisch- und Putenfleischstückchen anbieten. Fleischstückchen reicht man am besten mit einer langen Pinzette, damit man einen Überblick hat, ob

alle Tiere gleichmäßig Futter erhalten. Bei bissigen Schildkröten kann man die Fleischbrocken auf einen langen Stock spießen und sie auf diese Weise den Tieren reichen. Fleisch frieren Sie am besten portionsweise ein. Vor dem Verfüttern muß es aber unbedingt wieder vollständig aufgetaut sein. Regenwürmer halten sich – zugegeben, das ist nicht jedermanns Sache – mit etwas lockerer, feuchter Erde in verschlossenen Kühlschrankdosen im Kühlschrank mindestens 1–3 Wochen. Als Futter für Jungtiere eignen sich auch Mückenlarven und Kleinkrebse, wie z. B. Wasserflöhe, Hüpferlinge oder Bachflohkrebse (als Lebendfutter im Zoofachhandel erhältlich).
Besonders leicht ist das Verfüttern von Schildkröten-Trockenfutter. Manche Schildkröten gehen auch an Trockenfutter für Katzen (z. B. Brekkies). Da solches Futter aber nicht

Junge Dosenschildkröten verzehren besonders gerne Regenwürmer

auf die Bedürfnisse von Schildkröten abgestimmt ist, sollten Sie es nicht regelmäßig geben.

Wieviel und wie oft sollte man füttern?

Für die richtige Futtermenge gilt grundsätzlich die Regel: Reichen Sie immer nur soviel Futter, wie die Schildkröten innerhalb kürzester Zeit vertilgen können! Futterreste belasten unnötig das Wasser – und die Luft!
Natürlich füttern Sie die Schildkröten innerhalb ihrer Aktivitätszeiten. Erwachsene Exemplare erhalten nur alle zwei Tage Nahrung, damit sie nicht verfetten und zuchtuntauglich werden. Quellen ihre Weichteile bereits aus dem Panzer

---

Unser Tip

Als zusätzliche Kalklieferanten dienen Wasserschnecken, die sich im Teich der Freilandanlage vermehren und von den Schildkröten gerne gefressen werden.

hervor, dann sollten sie so lange nur noch alle 3 Tage Futter erhalten, bis ihre „Speckfalten" wieder verschwunden sind. Eine Fastenzeit von 1–2 Wochen schadet Schildkröten übrigens auch nicht!

Überwinterung

Schildkröten aus gemäßigten Breiten fallen während der Wintermonate in eine „Winterstarre". Wenn die Temperaturen sinken, suchen die Tiere rechtzeitig frostsichere Stellen auf. In Menschenobhut kann man diese Winterruhe umgehen, indem man die Schildkröten im Terrarium ganzjährig bei gleichbleibenden Temperaturen hält. Dies ist aber eigentlich nur bei sehr jungen Tieren üblich. Ab dem zweiten Lebensjahr sollte man die Schildkröten überwintern. Um geschlechtsreife Schildkröten

aus den gemäßigten Breiten in Fortpflanzungsstimmung zu versetzen, ist eine Winterruhe meist sogar unbedingt notwendig.

Wichtig: Bei den Monographien (siehe S. 58 ff.) ist bei den Arten, die eine Winterruhe halten sollen, für die Dauer der Winterruhe stets eine Zeitspanne angegeben. Dabei bezieht sich der Minimalwert auf ca. zweijährige Jungtiere und der Maximalwert auf geschlechtsreife Exemplare.

Europäische Sumpfschildkröten *(Emys orbicularis),* Kaspische Wasserschildkröten *(Mauremys caspica)* oder Zierschildkröten *(Chrysemys picta),* die den Sommer in einer Freilandanlage verbringen, stellen im Herbst ihre Nahrungsaufnahme ein und können ab etwa Ende Oktober in die Winterruhe überführt werden. Dazu setzt man die Tiere in eine Überwinterungskiste, die man aus Brettern selbst bauen kann. Sie schützt vor Nagern, die den ruhenden Schildkröten schaden könnten. Einige schmale Luftschlitze oder Bohrlöcher erleichtern den Luftaustausch. Man stellt die Kiste in einen ungeheizten Keller oder eine Garage. Die Umgebungstemperatur sollte ca. 5 °C (±1 °C) betragen. Als Füllmaterial, in das sich die Tiere verkriechen können, haben sich feuchte Schaumstoffschnitzel, Torfmoos (kein Torf!) und Buchenlaub bewährt. Bei der monatlichen Kontrolle muß das Substrat bei Bedarf wieder leicht angefeuchtet werden. Pflegen Sie die Schildkröten in einem Zimmerterrarium, sollten Sie ab Herbstbeginn die tägliche Beleuchtungsdauer allmählich reduzieren und die Temperaturen langsam senken bzw. die Schildkröten in einen kühleren Raum (Keller) überführen. Dort können die Schildkröten bei völliger Dunkelheit im Wasser überwintern – eine von einigen Sumpf- und Wasserschildkrötenhaltern praktizierte Alternative zur Überführung in obengenannte Überwinterungskiste.

Bei gut genährten Schildkröten kann man durchaus eine 4- bis 5monatige Winterruhe einplanen. Man beendet die Ruhephase, indem man die Tiere in ein Zimmerterrarium setzt und dort die Temperaturen und die Beleuchtungsdauer (Jahresrhythmus) langsam wieder erhöht. Schildkröten, die über die Sommermonate im Freilandterrarium leben, sollten nicht vor Mitte bis Ende Mai nach draußen gebracht werden.

Was tun im Krankheitsfall?

Eine optimale Unterbringung und Pflege sind die beste Krankheitsvorsorge. Hierzu gehören eine abwechslungsreiche Fütterung, ausreichende Bewegungsmöglichkeiten, die richtigen Umgebungstemperaturen und die Sauberhaltung des Terrariums. Je günstiger die Haltungsbedingungen sind, um so stärker sind die Widerstandskräfte der Tiere gegenüber Krankheitserregern. Ist es trotz aller Vorbeugungsmaßnahmen aber doch einmal zu einem Krankheitsfall gekommen, sollten Sie unbedingt jegliche Versuche unterlassen, das betroffene Tier selbst zu therapieren.

Junge Glattrücken-Schlangenhalsschildkröte (Chelodina longicollis). Die Art ist relativ anspruchslos und leicht aufzuziehen

Krankheitsbilder und mögliche Ursachen

Krankheitsbild	mögliche Ursache
weicher Panzer (bei wenige Wochen alten Jungtieren und Weichschildkröten kein Krankheitsanzeichen)	Vitamin-D-Mangel
geschwollene Augen	Erkältung, Zugluft
Schleim- oder Bläschenbildung beim Atmen	Erkältung, Lungenentzündung
Tier liegt schräg im Wasser bzw. schwimmt schräg	ernsthafte Erkrankung der Atemwege (z. B. Lungenentzündung)
Tier hat zuviel Auftrieb, kann schlecht tauchen	ernsthafte Erkrankung der Atemwege (z. B. Lungenentzündung)
Durchfall	Vergiftung, verdorbenes oder falsches Futter
trächtiges Weibchen versucht vergeblich Eier zu legen (Legenot; siehe hierzu auch S. 54)	kein geeigneter Eiablageplatz vorhanden

Suchen Sie immer einen Tierarzt auf. Auch sollten Sie erkrankte Schildkröten von den anderen trennen und in einem gesonderten Behälter pflegen. Obenstehend eine Übersicht häufiger Krankheitsbilder und deren möglicher Ursachen.

Wichtig: Achten Sie beim Umgang mit den Tieren auch auf Ihre eigene Gesundheit. Waschen Sie sich nach dem Kontakt mit Schildkröten stets die Hände, und saugen Sie beim Wasserwechsel niemals das Beckenwasser mit dem Mund an.

Wenn Sie züchten wollen

Um Schildkröten im Terrarium vermehren zu können, benötigt man mindestens ein harmonierendes Paar einer Art. Es ist auch unter Schildkröten zu beobachten, daß sie sich mögen, tolerieren oder ablehnen. Daher ist es manchmal notwendig, ein Tier gegen ein anderes auszutauschen.

Darüber hinaus werden Zuchterfolge wahrscheinlicher, wenn man grundsätzlich einige Bedingungen beachtet:

1. Männchen und Weibchen sollten ungefähr gleich alt sein. Dies ist der Fall, wenn beide Exemplare ungefähr gleich groß sind (bei vielen Arten bleibt das Männchen etwas kleiner als das Weibchen).

2. Die Tiere sollten möglichst aus der gleichen Region stammen, da sie dann einen ähnlichen Biorhythmus haben.

3. Bei der Pflege der Schildkröten ist unbedingt ihr Jahresrhythmus zu beachten und einzuhalten.

Zuchtgruppe und Paarung

Schildkröten gemäßigter Klimabereiche geraten meist nach der Winterruhe automatisch in Fortpflanzungsstimmung. Bei Arten aus tropischen und subtropischen Zonen genügt es manchmal, die Temperatur über eine Zeitdauer von 4–5 Wochen um 3–4 °C zu senken, um sie anschließend so zu erhöhen, daß sie 2–3 °C über der üblichen Temperatur liegt.

Während einige Arten eher einzelgängerisch leben (Schnappschildkröten, Klappschildkröten etc.), sind andere gewöhnlich immer mit anderen Artgenossen zusammen (Euro-

....
Unser Tip
....

Oft stimuliert auch ein Wasserwechsel das Männchen, da es in frischem Wasser den Geruch des Weibchens wieder wahrnehmen kann. Im Altwasser wird dieser oft durch eine Vielzahl anderer Gerüche überlagert.

päische Sumpfschildkröten, Höcker-schildkröten, Schmuckschildkröten usw.). Letztere hält man daher in Zuchtgruppen, d. h., zu einem Männchen gesellt man 2–3 Weibchen, bzw. zu 2 Männchen 3 bis 4 Weibchen.

Bei den einzelgängerisch lebenden Schildkröten setzt man das Männchen nur für die Paarung zum Weibchen in das Becken. Durch den Geruch des Weibchens gerät das Männchen oft in Paarungsstimmung. Bei aggressiven Arten sollte man immer einen Kescher oder eine Trennscheibe bereithalten, um die Tiere bei etwaigen Beißereien gleich trennen zu können.

Eiablage und Legenot

Meist 3–6 Wochen nach der Befruchtung werden die Weibchen unruhig und suchen häufig den Landteil auf, um einen Ort für die Eiablage zu finden. Manchmal führen sie auch Probegrabungen durch. Daran erkennt man dann, daß die Eiablage bevorsteht. Werden die Weibchen von anderen Schildkröten ständig gestört, müssen letztere bis nach der Eiablage aus dem Behälter entfernt werden.

Manchmal sind die Weibchen auch mit dem Landteil als Eiablageplatz nicht zufrieden. In beiden Fällen legen sie oftmals die Eier einfach im Wasserteil ab. Birgt man sie innerhalb kurzer Zeit, ist noch eine erfolgreiche Bebrütung möglich.

Wichtig: Hält ein trächtiges Weibchen die Eier in den Eileitern zurück, kann dies zu einer Legenot führen. Im schlimmsten Fall kann das Tier daran sterben; wenn es überlebt, ist es wahrscheinlich zeitlebens unfruchtbar.

Bei Verdacht auf eine Legenot sollten Sie das Weibchen zum Tierarzt bringen. Ist er erfahren, so kann er die Eier ertasten, wenn er zuvor die Hinterbeine des Tieres gerade ausstreckt. Notfalls muß er die Schildkröte röntgen. Liegt tatsächlich eine Legenot vor, kann der Tierarzt durch Oxytocin-Injektionen Wehen einleiten, durch die die Eier nach etwa 20–40 Minuten ausgetrieben werden. Zuvor muß das Weibchen jedoch durch einen Wärmestrahler oder entsprechend temperiertes Wasser auf eine Körpertemperatur von 30 °C gebracht werden.

Bergung und Bebrütung der Eier

Um die Eier bergen und künstlich bebrüten zu können, ist es wichtig zu wissen, wo genau das Weibchen sein Gelege vergraben hat. Daher sollten Sie die oberste Schicht (3 bis 4 cm) des Landteiles durch Sand ersetzen, der heller oder dunkler ist als die darunterliegende Schicht, sobald mit einer Eiablage zu rechnen ist. Hat das Weibchen die Eier schließlich in Ihrer Abwesenheit vergraben, erkennen Sie an der veränderten Substratfärbung, wo sich die Nistgrube befindet.

Da die Temperaturen in unseren Breiten keinen Bruterfolg garantieren, müssen die Eier nun ausgegraben und in einen Brutbehälter überführt werden. Dazu geeignet sind z. B. große Kühlschrankdosen, die Sie zur Hälfte mit einem leicht feuchten Substrat füllen. Dies kann grober Sand oder feiner und mittelgrober Kies sein, vor allem aber verwendet man Vermiculit. Das Substrat muß unbedingt schadstofffrei sein. Am besten holen Sie es sich daher aus der Zoohandlung. In das Substrat drücken Sie nun Kuhlen, in die anschließend die Eier gelegt werden sollen. Vorsichtig legen Sie die

Das Gelege einer Europäischen Sumpfschildkröte (Emys orbicularis) wird aus dem Freilandterrarium geborgen und in einen Brutbehälter überführt

Nistgrube frei und überführen die Eier in der gleichen Position, d.h. ohne sie zu drehen, in den Brutbehälter. Den oberen Pol kennzeichnen Sie am besten mittels Bleistift mit einem kleinen „+". Anschließend decken Sie den Behälter mit einem leicht feuchten Tuch zu und legen den Deckel oder eine Glasscheibe darauf. Durch das Tuch kann das sich an der Abdeckung bildende Kondenswasser nicht auf das Gelege tropfen.

Für die Bebrütung müssen in der Regel Umgebungstemperaturen von 26–32 °C herrschen. Ich stelle den Behälter daher in den Heizungskeller. Haben Sie keinen entspre-

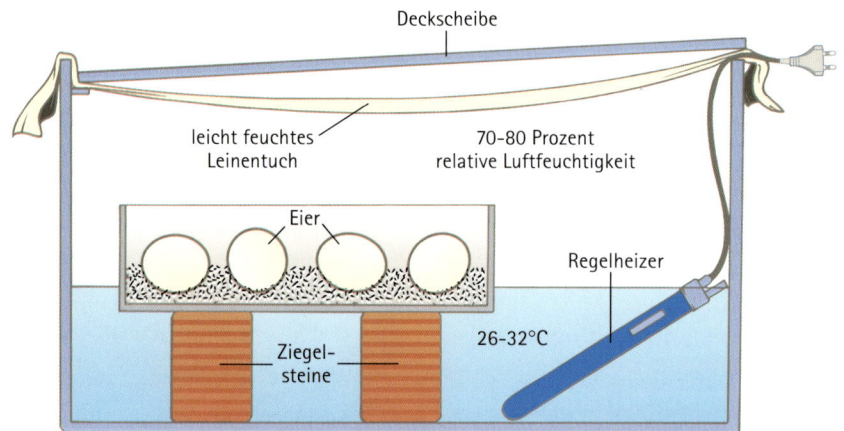

Deckscheibe

leicht feuchtes Leinentuch

70-80 Prozent relative Luftfeuchtigkeit

Eier

Regelheizer

Ziegel-steine

26-32°C

Einfach zu bauender Brutbehälter: *Mit Hilfe eines regelbaren Aquarienheiz-stabes stellt man die Wassertemperatur auf 26–32 °C ein. Das Leinentuch unterhalb der Abdeckscheibe dient als Tropfenfänger*

chend temperierten Raum zur Verfügung, können sie die nötigen Bedingungen aber auch in einem einfach zu bauenden Brutbehälter erzeugen (siehe Abb. oben). Die Eier sind wöchentlich zu kontrollieren.

Wichtig: Innerhalb des Brutbehälters sollte die Luftfeuchtigkeit etwa 70–80 % betragen. Bei zu hoher Luftfeuchtigkeit, oder wenn Eier unbefruchtet sind, können sie zu sehr „wachsen", so daß Risse in der Schale entstehen. Entfernen Sie solche Eier ebenso wie solche, die mit Schimmel befallen sind, denn sie gefährden das ganze Gelege.

Nach Ablauf der Entwicklungszeit, die je nach Schildkrötenart zwischen 60 und mehr als 100 Tagen dauern kann, bilden sich auf den Eiern häufig kleine Tropfen. Die Eier „schwitzen". Dies ist ein Zeichen dafür, daß die Jungtiere sich kurz vor dem Schlupf befinden. Feuchten Sie das Tuch etwas stärker an, schlüpfen die Jungtiere oft kurz danach.

Aufzucht der Jungtiere

Wie bereits erwähnt, ist bei den jungen Schildkröten zum Zeitpunkt des Schlüpfens manchmal noch ein

Einfaches Aufzuchtbecken für Sumpf- und Wasserschildkröten

Dottersackrest zu sehen. Erst wenn dieser vollständig verschwunden ist, also nach 1–2 Tagen, verlassen die Schlüpflinge endgültig die Eihüllen. Nun setzen Sie die Jungtiere in kleine Aufzuchtbecken, in denen die gleichen Bedingungen wie bei den erwachsenen Tieren herrschen. Da sich auch hier der Wasserstand nach der Panzerbreite (PB) richtet, wird so verhindert, daß die Tierchen ertrinken können. Darüber hinaus benötigen die jungen Schildkröten aber genauso wie die erwachsenen Exemplare die Möglichkeit, das Wasser stets problemlos zu verlassen (siehe Abb. oben).

Die Jungtiere jener Arten, die in der Natur einzelgängerisch leben, zieht man einzeln auf, ebenso kranke oder schwächere Exemplare.

Auch ist bei der Aufzucht immer auf sauberes Wasser zu achten. Es verschmutzt leichter, da Jungtiere im Gegensatz zu älteren Exemplaren täglich gefüttert werden müssen. Sie erhalten ausschließlich tierische Kost (siehe S. 48–49).

Kleines „Schildkröten-Lexikon"

Aufbau der Monographien

Auf den folgenden Seiten werden 41 Sumpf- und Wasserschildkrötenarten vorgestellt.

Dabei wird neben der deutschen auch die wissenschaftliche Bezeichnung genannt. Daran schließt der Name des Erstbeschreibers sowie die Jahreszahl der Erstbeschreibung an. Die wissenschaftlichen Bezeichnungen der Schildkröten sind maßgebend, da sie weltweit anerkannt sind; die deutschen Namen gelten lediglich im deutschsprachigen Raum.

Wichtig: Bei jeder vorgestellten Art finden Sie bei dem Stichwort „Panzerlänge" die maximale Panzerlänge eines erwachsenen Exemplares. Meist ist die Panzerlänge des Weibchens angegeben, da Männchen gewöhnlich etwas oder sogar deutlich kleiner bleiben.

Die einzelnen Arten wurden in sechs Gruppen eingeteilt. Die Schildkröten innerhalb einer Gruppe haben in etwa die gleiche Lebensweise und können daher auch im gleichen Terrarientyp gehalten werden. Aus den Gruppenbeschreibungen erfahren Sie neben dem Terrarientyp u.a. auch, wie groß das Terrarium (siehe hierzu auch S. 32) und wie hoch der Wasserstand für die betreffende Art sein muß. Die Wasserstandshöhe ergibt sich aus der Panzerbreite (PB) multipliziert mit dem Faktor in der Gruppenbeschreibung.

Wichtig: Für alle hier erwähnten Arten genügen Wasser- und Lufttemperaturen zwischen 23 und 26 °C! Wenn die Tiere einen zusätzlichen Wärmestrahler über dem Land- oder Wasserteil benötigen, wird das entweder in der Gruppen- oder Artbeschreibung angegeben!

Gruppe 1

In der ersten Gruppe wurden Schildkröten zusammengefaßt, deren Panzerlänge (PL) bis zu 15 cm beträgt und die sehr stark an Gewässer ge-

bunden leben. Sie suchen den Landteil nur selten auf und verzehren
nur tierische Kost. Vor allem die
Männchen sind meist sehr aggressiv
und die Schildkröten daher am
besten einzeln zu halten. Lediglich
zur Zucht setzt man sie dann kontrolliert zusammen. Weitere Hinweise für die Haltung:

◆ Terrarientyp 1
◆ Terrariengröße: PL x 3
◆ Wasserhöhe: PB x 2
◆ Wärmestrahler über dem Steg
  (Temperatur dort 30–35°C).

Dreistreifen-Klappschildkröte
Kinosternon baurii (GARMAN, 1891)
Verbreitung: Osten der USA
(Virginia bis Florida).

Kennzeichen: Rückenpanzer bräunlich bis schwarz und mit 3 hellen
Längsstreifen. An jeder Kopfseite
2 helle Streifen. Bauchpanzer gelb
bis hellbraun mit einigen grauen
Flecken. Die Panzeröffnungen können durch die beweglichen Bauch-
panzerteile fast völlig geschlossen
werden. Der kleine, konisch verlaufende Kopf besitzt dunkle Makel.
Männchen bleiben kleiner und
haben am Ende des längeren und
dickeren Schwanzes einen End-
nagel.
Panzerlänge: 7,5–12 cm.
Lebensweise und Vermehrung:
Die Art bewohnt stehende Gewässer
und Sumpfgebiete mit dichter Vegetation und weichem Bodengrund.

Abb. links: Dreistreifen-Klappschildkröte (Kinosternon baurii). Abb. rechts: Bauchpanzer der Dreistreifen-Klappschildkröte. Deutlich sind die Scharniere zu sehen, mit denen vor allem die Weibchen (links) den Panzer völlig verschließen

Die Tiere sind vorwiegend in der Dämmerung aktiv. Im allgemeinen ist die Art leicht zu vermehren. Meist werden 2–3 Eier gelegt. Bei Temperaturen zwischen 25 und 30 °C schlüpfen nach etwa 120 Tagen die Jungtiere.

Winterruhe: 6–12 Wochen in einer Überwinterungskiste (siehe S. 50).

Ähnlich zu haltende Arten:
◆ Alle übrigen nordamerikanischen *Kinosternon*-Arten.

Gruppe 2

Hierzu gehören Arten mit einer Panzerlänge von 15–50 cm, die sehr stark an Gewässer gebunden leben und den Landteil fast nur zur Eiablage aufsuchen. Die Schildkröten zeigen sehr ruhiges Verhalten. Anstatt aktiv zu jagen, lauern sie vorwiegend ihren Beutetieren auf. Sie verzehren ausschließlich tierische Kost, verstecken sich gerne, z. B. unter Wurzeln oder in kleinen Höhlen. Die Schildkröten sind sehr aggressiv und bissig, daher ist eine Einzelhaltung empfehlenswert. Nur zur Paarung sollte man dann die Geschlechter kontrolliert zusammensetzen. Weitere Hinweise für die Haltung:

◆ Terrarientyp 1
◆ Terrariengröße: PL x 3
◆ Wasserhöhe: PB x 2
◆ Wärmestrahler über dem Steg/Landteil-Übergang (Solltemperatur dort 30–35 °C).

Schnappschildkröte
Chelydra serpentina
(Linnaeus, 1758)
Abbildung siehe S. 25.

Verbreitung: Süd-Kanada bis Südwest-Ecuador.

Kennzeichen: Rückenpanzer stark gezackt, bräunlich bis schwarz, mit grob gesägtem Hinterrand; im Jugendstadium 3 Längskiele. Bauchpanzer auffällig klein, gelblichweiß und kreuzförmig. Großer Kopf mit hakenförmigem Schnabel. Bei Jungtieren ist der Schwanz so lang wie der Rückenpanzer und auf der Oberseite mit groben Hornzacken ausgestattet. Weichteile ebenfalls bräunlich bis schwärzlich. Männchen werden größer als Weibchen.

Panzerlänge: bis 50 cm.

Lebensweise und Vermehrung: Die Art bewohnt Seen, Teiche, Tümpel und langsam fließende Gewässer. Die Lauerjäger warten am Gewässergrund oder am Gewässerrand auf Beute und schnappen bei Bedarf schnell zu.

■ *Die ruhig wirkende Groß-kopfschildkröte (Platysternon mega-cephalum) kann plötzlich zuschnappen und dabei erhebliche Verletzungen verursachen*

Mit einer Rückenpanzerlänge von etwa 20 cm werden die Tiere geschlechtsreif. Ein Gelege umfaßt 25–50 Eier. Bei Temperaturen zwischen 20 und 25 °C schlüpfen die Jungtiere nach 80–90 Tagen. **Winterruhe:** Aus Nordamerika stammende Tiere sollten in einer Überwinterungskiste (siehe S. 50) 8–16 Wochen überwintern.
Ähnlich zu haltende Art:
◆ Großkopfschildkröte, *(Platysternon megacephala,* Abb. siehe oben). Verbreitung: Asien.

Gruppe 3

In dieser Gruppe wurden Schildkröten mit einer Panzerlänge von 15 bis 50 cm zusammengefaßt, die sich durch sehr aktives Verhalten auszeichnen und eng an Gewässer gebunden leben. Sie suchen den Landteil nur zur Eiablage auf. Manche Arten und Exemplare sind sehr aggressiv und müssen einzeln gehalten werden. Für die Zucht setzt man sie kontrolliert zusammen. Weitere Hinweise für die Haltung:
◆ Terrarientyp 2
◆ Terrariengröße: PL x 5
◆ Wasserhöhe: PB x 2
◆ Wärmestrahler über dem Wasserteil. Über dem Wasser sollten ca. 35 °C herrschen.

Florida-Weichschildkröte
Apalone ferox (SCHNEIDER, 1783)
Verbreitung: Östliche USA.
Kennzeichen: Rückenpanzer im Alter fast einfarbig braun, große dunkle Flecken nur noch angedeutet oder ganz fehlend. Jungtiere heller gefärbt, dunkle Flecken sehr ausgeprägt. Bauchpanzer hellgrau. Kopf dunkel und mit hellen Linien und Punkten. Männchen bleiben kleiner und haben eine dickere Schwanzwurzel.

Panzerlänge: 20–50 cm.
Lebensweise und Vermehrung:
Seen, Teiche, Kanäle und Gräben
sowie ruhige Fließgewässer mit
schlammigem, sandigem Untergrund
sind bevorzugte Lebensräume. Die
Art ist sehr bissig! Hat eine Paarung
stattgefunden, muß man dem Weibchen einen mit feuchtem Sand ge-
füllten Landteil zur Verfügung stellen. Die Gelegegröße reicht von
4–22 Eiern, aus denen bei 25–30 °C
nach etwa 9 Wochen die Jungtiere
schlüpfen.
Winterruhe: in einer Überwinterungskiste (siehe S. 50) 6 bis
12 Wochen.
Ähnlich zu haltende Arten:
◆ Alle anderen Weichschildkröten.
  (Arten aus tropischen Regionen
  legen keine Winterruhe ein.)

*Jungtier der Florida-Weich-
schildkröte (Apalone ferox)*

Gruppe 4

Zur vierten Gruppe gehören Schildkröten mit einer Panzerlänge bis
etwa 25 cm, die sehr an Gewässer
gebunden leben, aber zum Sonnenbaden und Trocknen regelmäßig das
Wasser verlassen. Die meisten Arten
kann man in Gruppen pflegen,
aggressive Männchen sind manchmal einzeln zu halten. Europäische
und nordamerikanische Arten können im Sommer im Freiland gehalten werden. Sie verzehren vorwiegend tierische Kost, einzelne Exemplare auch Pflanzenteile. Weitere
Haltungshinweise:
◆ Terrarientyp 3
◆ Terrariengröße: PL x 5
◆ Wasserhöhe: PB x 2
◆ Wärmestrahler über dem Landteil (dort Temperatur 30–35 °C).

Glattrücken-
Schlangenhalsschildkröte
Chelodina longicollis (SHAW, 1802)
Verbreitung: Australien (Südaustra-
lien bis Ost-Queensland).
Kennzeichen: Rückenpanzer flach,
gelbbraun bis fast schwarz. Bauchpanzer gelblichbraun, an den Schildnähten mit dunklen Linien. Kopf
klein, Hals fast so lang wie der
Panzer und auf der Oberseite sehr

Glattrücken-Schlangenhals-schildkröte (Chelodina longicollis)

rauh. Weichteile gelbbraun. Männchen bleiben kleiner, haben einen schwach konkav geformten Bauchpanzer und kräftigeren Schwanz.
Panzerlänge: 20–27,5 cm.
Lebensweise und Vermehrung:
Die Schildkröten leben – sehr an das Wasser gebunden – in Flußläufen und toten Flußarmen, vor allem aber in Sümpfen. Sie fangen Fische, indem sie das Maul schnell aufreißen und so den Fisch einsaugen. Anschließend speien sie das Wasser aus. Nach der Winterruhe kann man mit Paarungen rechnen. Weibchen legen 8–24 Eier, aus denen bei 28–30 °C nach 65–78 Tagen die Jungtiere schlüpfen.
Winterruhe: 4–6 Wochen bei 10–15 °C im Terrarium oder in einer Überwinterungskiste (siehe S. 50).

Zierschildkröte
Chrysemys picta (SCHNEIDER, 1789)
Abbildung der Unterart C. p. belli siehe S.18.
Verbreitung: Süd-Kanada, Ost-USA.
Kennzeichen: Rückenpanzer glatt, oben dunkelbraun. Randschilder oben und unten rötlich gefleckt. Rippen- und Wirbelschilder bilden regelmäßige Querreihen und haben am Vorderrand helle Streifen. Bauchpanzer gelb. Kopf, Hals, Beine und Schwanz mit typischer rötlicher/gelblicher Linien- und Fleckenzeichnung. Männchen haben längere Vorderkrallen und einen kräftigeren Schwanz.
Panzerlänge: bis 18 cm.
Lebensweise und Vermehrung:
Die Art bevorzugt stehende und langsam fließende Gewässer mit dichter Vegetation. Die Tiere nehmen ausgiebige Sonnenbäder. Die Paarungszeit geht von März bis Mitte Juni. Eiablagen erfolgen ab Ende Mai bis Mitte Juli. Weibchen legen 2–5 Eier pro Gelege. Es sind im Sommer bis zu 4 Eiablagen möglich. Bei 25–30 °C schlüpfen die Jungtiere nach 59–65 Tagen.
Winterruhe: Für die Zucht ist es empfehlenswert, die Tiere für 6 bis12 Wochen in eine Überwinterungskiste zu überführen (siehe S. 50).

Langhals-Schmuckschildkröte

Deirochelys reticularia
(LATREILLE, 1801)

Verbreitung: USA (Osten u. Süden).
Kennzeichen: Rückenpanzer oliv bis braun. Die Schilder besitzen linienhafte Furchen und ein Netz aus gelbgrünen Linien. Im Alter verblassen die Zeichnungen. Randschilder und Bauchpanzer gelb, Weichteile und Kopf graugrün. Unter den Augen beginnt ein orangegelber Streifen, der am Hals entlangzieht, gefolgt von dünneren Linien. Hals besonders lang (80 % der Panzerlänge). Gliedmaßen mit scharfen Krallen ausgestattet. Männchen besitzen einen kräftigeren Schwanz.
Panzerlänge: 15–25 cm.
Lebensweise und Vermehrung:
Die Art bevorzugt stehende Gewäs- ser. Vor allem ältere Exemplare fressen gerne Pflanzenteile. Die Tiere sind scheu und bissig. Weibchen legen pro Gelege 3–7 Eier, aus denen bei 25–30 °C nach 60 bis 70 Tagen die Jungtiere schlüpfen.
Winterruhe: keine.

Rundliche Spitzkopfschildkröte

Emydura subglobosa (KREFFT, 1876)
Abbildung unten und Buchumschlagrückseite.

Verbreitung: Australien, Neuguinea.
Kennzeichen: Rückenpanzer braun und hinten breiter als vorne. Unterseite der Randschilder rötlich. Bauchpanzer schmal, gelblich und mit rötlichen Pigmenten durchsetzt. Kopf olivfarben. Von der Schnauzenspitze über die Augen bis zum Trommelfell zieht ein gelber Streifen.

Langhals-Schmuckschildkröte
(Deirochelys reticularia)

Rundliche Spitzkopfschildkröte
(Emydura subglobosa)

Vom Unterkiefer zum Hals zieht ein unterbrochener rötlicher Streifen. Am Kinn befinden sich zwei gelbe Barteln. Männchen haben einen längeren Schwanz.
Panzerlänge: bis 26,5 cm.
Lebensweise und Vermehrung:
Die Schildkröten bevorzugen große Flüsse der tropischen Regenwaldgebiete und angrenzenden Savannen und nehmen an geschützten Stellen ausgiebige Sonnenbäder. Sie können sich fast ganzjährig fortpflanzen. Ein Gelege umfaßt 5–12 Eier. Bei Temperaturen von 26–30 °C und hoher Luftfeuchtigkeit schlüpfen die Jungtiere nach 50–55 Tagen.
Winterruhe: keine.

Europäische Sumpfschildkröte
Emys orbicularis (LINNAEUS, 1758)
Abbildung siehe S. 21.
Verbreitung: Europa, Nordwest-Afrika und Südwest-Asien.
Kennzeichen: Rückenpanzer schwarz, relativ flach und gelblich gepunktet oder gestrichelt. Bauchpanzer gelblich und dunkel gefleckt. Weichteile und Kopf schwarz, ebenfalls mit gelblichen Punkten und Tupfen. Männchen mit deutlich kräftigerem Schwanz und konkav geformtem Bauchpanzer.
Panzerlänge: 11–20 cm.

Lebensweise und Vermehrung:
Die Schildkröten leben vor allem in Tümpeln, Teichen und Gräben mit dichter Vegetation – häufig gemeinsam mit *Mauremys caspica* (siehe S. 67). Sie nehmen meist zu mehreren ausgiebige Sonnenbäder. Die Art ist vor allem im Freiland einfach zu vermehren. Nach der Winterruhe verfolgen die Männchen die Weibchen. Paarungen können häufig den gesamten Sommer über beobachtet werden. Weibchen legen pro Saison bis zu 3 Gelege mit je 4–12 Eiern. Bei Temperaturen um 25–30 °C schlüpfen die Jungtiere nach 55–65 Tagen.
Winterruhe: 12–16 Wochen in einer Überwinterungskiste (siehe S. 50).

Barbour-Höckerschildkröte
Graptemys barbouri
(CARR & MARCHAND, 1942)
Abbildung siehe S. 2/3.
Verbreitung: USA (SO-Alabama, SW-Georgia bis W-Florida).
Kennzeichen: Rückenpanzer bräunlich und auf den Schildern gelbliche ringförmige Muster. Vor allem Jungtiere haben sehr ausgeprägte „Höcker" auf der Panzermitte, die sich dunkel absetzen. Auf den Weichteilen findet man eine gelbe Linien-

zeichnung, am Kopf eine arttypische gelbe Maske. Männchen bleiben deutlich kleiner und besitzen einen kräftigeren Schwanz.

Panzerlänge: bis 25 cm.

Lebensweise und Vermehrung:
Die Art bevorzugt klare Fließgewässer mit Steinen und Baumstümpfen, die aus dem Wasser ragen. Die Schildkröten nehmen ausgiebige Sonnenbäder und ernähren sich manchmal fast ausschließlich von Wasserschnecken. Meist 4–6 Wochen nach der Paarung legt das Weibchen pro Gelege 8–9 Eier. Bei einer Bruttemperatur von 25–30 °C schlüpfen die Jungtiere nach 60 bis 70 Tagen.

Winterruhe: keine. Lediglich bei Exemplaren aus dem Norden des Verbreitungsgebietes sollte im Winter die Temperatur für 6 bis 8 Wochen um 5 °C gesenkt werden.

Ähnlich zu haltende Arten:
◆ Echte Landkarten-Höckerschildkröte *(Graptemys geographica)*. Verbreitung: Kanada und USA.
◆ Ouachita-Höckerschildkröte *(Graptemys ouachitensis)*. Verbreitung: Südosten der USA.
◆ Falsche Landkarten-Höckerschildkröte *(Graptemys pseudogeographica)*. Verbreitung: USA.

Smith's Dachschildkröte *(Kachuga smithii)*

Smith's Dachschildkröte
Kachuga smithii (Gray, 1863)

Verbreitung: Pakistan, Indien, Bangladesch.

Kennzeichen: relativ flacher Rückenpanzer (im Gegensatz zu anderen Dachschildkrötenarten), olivbraun, Mittelkiel dunkel abgesetzt. Bauchpanzer fast schwarz, an den Schildnähten weiße Zeichnungselemente. Weichteile gräulich; auf dem Hals feine helle und dunkle Streifen. Auffällige Augenfarbe: hellblaue Iris. Männchen bleiben kleiner, haben eine dickere Schwanzbasis und einen längeren Schwanz.

Panzerlänge: bis 24 cm.

Lebensweise und Vermehrung:
Die Art lebt bevorzugt in Flüssen, aber auch Altarmen und wasserführenden Gräben. Die Schildkröten sind gute Schwimmer, die sich gerne

in Gesellschaft mit Artgenossen ausgiebig sonnen. Während der Trockenzeit verbergen sie sich im Schlamm. In der Zeit von Juli/August kann man die Wassertemperatur langsam auf 30 °C erhöhen, danach wieder auf die üblichen 23–26 °C senken. Etwa 4–7 Wochen nach der Paarung legt das Weibchen 3–6 Eier in eine Grube auf dem Landteil. Bebrütet man die Eier bei 28 °C, schlüpfen die Jungtiere nach 140–160 Tagen. Im Gegensatz zu den meisten anderen Arten ernähren sich die Jungtiere der Smith's Dachschildkröte nicht ausschließlich von tierischer Kost. Ihre erste Nahrung kann aus Löwenzahn, Wasserpest, Wasserflöhen und Rindfleischstückchen bestehen.
Winterruhe: keine.

Diamantschildkröte
Malaclemys terrapin
(SCHOEPFF, 1793)
Abbildung der Unterart M. t. rhizophorarum siehe S. 5.
Verbreitung: USA, entlang der Atlantik- und Golfküste bis Texas.
Kennzeichen: Rückenpanzer schwarz, bräunlich oder grau, mit arttypischen konzentrischen Wachstumsringen. Mittelkiel stark reduziert. Bauchpanzer gelblich, orange

bis grünlichgrau und oft mit dunklem Flecken- oder Pünktchenmuster. Weichteile gräulich mit schwarzer Zeichnung. Männchen bleiben kleiner und haben einen kräftigeren Schwanz.
Panzerlänge: 15–23 cm.
Lebensweise und Vermehrung:
Die Schildkröten leben in Brackwasserbereichen, Lagunen und Tümpeln der Gezeitenzone – manchmal recht einzelgängerisch, ansonsten wie die anderen Arten dieser Gruppe. Dem Wasser fügt man Kochsalz hinzu (auf 10 l Wasser 1 Teelöffel Salz). Etwa 5–6 Wochen nach der Paarung legt das Weibchen meist 6–12 Eier. Bei Temperaturen zwischen 25 bis 30 °C dauert es bis zum Schlupf der Jungtiere 75–100 Tage.
Winterruhe: Vor allem Exemplare aus dem Norden des Verbreitungsgebietes sollten 3–5 Monate bei ca. 5 °C im Wasser oder in einer Überwinterungskiste (siehe S. 50) überwintern.

Kaspische Wasserschildkröte
Mauremys caspica (GMELIN, 1774)
Abbildung siehe S. 45.
Verbreitung: Kaukasus-Länder und Vorderasien.
Kennzeichen: Rückenpanzer glatt, bräunlich bis olivgrün und hinten

manchmal leicht gekielt. Auf den Rippenschildern können sich orangefarbene ringförmige Felder befinden. Bauchpanzer gelblich mit schwarzen Flecken. Weichteile graubraun. Männchen haben einen leicht konkav geformten, kleineren Bauchpanzer und dickeren Schwanz.

Panzerlänge: 20–25 cm.

Lebensweise und Vermehrung: Die Art lebt in stehenden oder langsam fließenden Gewässern – gewöhnlich mit zahlreichen Artgenossen zusammen. Die Tiere nehmen gerne ausgiebige Sonnenbäder. Sie verzehren vor allem tierische Kost, selbst Exkremente und Aas. In den kühleren Regionen ihres Verbreitungsgebietes überwintern sie oft am Grund des Gewässers. Vor allem im Freiland sind sie einfach zu vermehren. Hier gilt, was bereits über die Europäische Sumpfschildkröte gesagt wurde (siehe S. 65).

Winterruhe: Die Tiere sollten 12 bis 16 Wochen bei ca. 5 °C im Wasser oder in einer Überwinterungskiste (siehe S. 50) überwintern.

Gelbe Sumpfschildkröte

Mauremys mutica (CANTOR, 1842)
Abbildung siehe S. 38.

Verbreitung: Vietnam, Süd-China, Taiwan, Japan und Riu Kiu-Inseln.

Kennzeichen: Rückenpanzer kastanienbraun mit 3 Längskielen. Bauchpanzer überwiegend schwefelgelb bis orange. Hinter dem Auge beginnt ein waagerechtes breites gelbes Längsband. Kehle ebenfalls gelblich. Männchen besitzen kleineren Bauchpanzer und dickeren Schwanz.

Panzerlänge: bis 18 cm.

Lebensweise und Vermehrung: Die Art lebt vor allem in stehenden Gewässern. Sie ist sehr anpassungsfähig, kommt sowohl in den Niederungen als auch im Hügelland vor. Im Freilandterrarium sind die Schildkröten einfach zu vermehren. Paarungen können häufig den gesamten Sommer über beobachtet werden. Hier gilt, was bereits über die Europäische Sumpfschildkröte gesagt wurde (siehe S. 65).

Winterruhe: Die Tiere sollten 8 bis 12 Wochen bei ca. 5 °C im Wasser oder in einer Überwinterungskiste (siehe S. 50) überwintern.

Buckel-Schildkröte
Phrynops gibbus
(SCHWEIGGER, 1812)
Verbreitung: Südamerika
(Flußsysteme des Orinoko bis
Amazonas).
Kennzeichen: Rückenpanzer dunkelbraun bis schwarz, Mittelkiel vorhanden, bei sehr alten Exemplaren glatt. Bauchpanzer hellbraun-gräulich bis dunkelbraun. Rand kann von hellgelb bis dunkelgrau variieren.
Kopf breit und auf der Oberseite und an den Seiten hellgrau bis braunschwarz, bei Jungtieren gelb bis grau marmoriert. Unterseite hellgelb bis hellgrau. Am Kinn gewöhnlich 2 weiße Barteln. Weichteile unterschiedlich hellgrau bis schwarz.
Männchen bleiben etwas kleiner, haben einen konkav geformten Bauchpanzer und einen längeren und dickeren Schwanz.
Panzerlänge: bis 25 cm.
Lebensweise und Vermehrung: Schlammige, langsam fließende Gewässer, vor allem am Rand von Regenwäldern, werden bevorzugt. Die Schildkröten sind vorwiegend in der Dämmerung aktiv und verbringen den Tag meist versteckt unter Uferböschungen, zwischen Wurzeln oder Hohlräumen unter Steinen. Paarungen finden offenbar nur

Buckel-Schildkröte
(Phrynops gibbus)

nachts statt. Ein Gelege umfaßt meist 2–4 Eier. Bei 26–30 °C kann es bis zum Schlupf der Jungtiere 184–220 Tage dauern.
Winterruhe: keine.

Fluß-Schmuckschildkröte
Pseudemys concinna
(LE CONTE, 1830)
Verbreitung: USA, Mexiko.
Kennzeichen: Rückenpanzer flach und breit, Mittelkiel vorhanden, zweites Rippenschild mit C-förmiger Markierung, Bauchpanzer gelb-orange, mit dunkler symmetrischer Figur in der Mitte. Weichteile braun und mit gelben Längsstreifen. Am Unterkiefer beginnt ein besonders markanter gelber Streifen, zieht zum Hals und verbindet sich etwa am Mundwinkel mit einem von beiden

Abb. links: Junge Fluß-Schmuckschildkröte (Pseudemys concinna).
Abb. rechts: Im Alter verliert die Art ihre ansprechende Färbung

Augenrändern ziehenden Streifen. So entsteht eine Y-förmige Zeichnung. Männchen meist kleiner und mit deutlich kräftigerem Schwanz. **Panzerlänge:** 23–25 cm (selten bis 40 cm!).

Lebensweise und Vermehrung: Die Schildkröten leben vor allem an ruhigen, dicht bewachsenen Stellen von Flußufern. Sie sonnen sich oft zu mehreren auf aus dem Wasser ragenden Steinen oder Holzstücken und ernähren sich vorwiegend von tierischer Kost, verzehren aber manchmal auch Pflanzenteile. Während der Freilandhaltung im Sommer kommt es oft zu Paarungen. Die Weibchen legen ihre Eier vor allem bei Einbruch der Dämmerung, so daß Gelege oft nicht gefunden werden. Ein Gelege

besteht meist aus 6–12 Eiern. Bei 25–30 °C schlüpfen die Jungtiere nach 66–114 Tagen. Sie sind auffällig grün gefärbt, mit gelbem Schnörkelmuster.

Winterruhe: keine.

Florida-Schmuckschildkröte
Pseudemys floridana
(LE CONTE, 1830)
Verbreitung: USA.
Kennzeichen: Rückenpanzer bräunlich-oliv und mit gelblichem bis rötlichem Linienmuster, zweites Rippenschild ohne c-förmige Markierung. Bei Jungtieren hat der Panzer einen Mittelkiel. Bauchpanzer gelb bis blaßgelb und ungefleckt. Weichteile braun bis schwarz und mit gelben Längsstreifen, die im Alter verblassen. Kopfzeichnung erinnert an

Florida-Schmuckschildkröte (Pseudemys floridana)

die von *P. concinna*. Männchen haben längere Krallen an den Vorderbeinen, bleiben kleiner und besitzen einen kräftigeren Schwanz. Jungtiere sind besonders ansprechend gezeichnet und überwiegend grün gefärbt.

Panzerlänge: 20–25 cm (selten bis 40 cm!).

Lebensweise und Vermehrung: Die Art bevorzugt vegetationsreiche Gewässer mit schlammigem Untergrund. Die Tiere nehmen intensive Sonnenbäder und ernähren sich vor allem von tierischer Kost. Besonders im Freiland sind fast den ganzen Sommer über Paarungen zu beobachten. Weibchen legen pro Gelege 12–29 Eier. Bei 25–30 °C dauert es bis zum Schlupf der Jungtiere 80–110 Tage.

Winterruhe: nicht erforderlich. Hält man die Schildkröten allerdings im Winter 1–2 Monate bei 12–15 °C, geraten sie anschließend leichter in Fortpflanzungsstimmung.

Ähnlich zu haltende Arten:
◆ Nelson´s Schmuckschildkröte *(Pseudemys nelsoni,* Abb. siehe S. 1). Verbreitung: USA.
◆ Rotbauch-Schmuckschildkröte *(Pseudemys rubriventris).* Verbreitung: USA.

Beale's Sumpfschildkröte
Sacalia bealei (GRAY, 1831)
Verbreitung: Südost-China.
Kennzeichen: Rückenpanzer gelblichbraun bis schwarzbraun, Mittelkiel vorhanden. Bauchpanzer gelblich mit Zeichnung aus verwaschenen schwarzen Tupfen und Flecken. Weichteile der Weibchen beige bis gelbbraun, auf der Innenseite der Vorderbeine hellgelb. Am Hals gelbliche Längsstreifen. Männchen mit rötlichem Streifenmuster auf dunkelgrauem Grund. Im Nacken und auf dem Hinterkopf 1–4 Paar Ozellen. Nickhaut der Augen bei Weibchen gelb, bei Männchen rot. Männchen haben einen kräftigeren Schwanz.
Panzerlänge: 12–16 cm.
Lebensweise und Vermehrung: Die Schildkröten bevorzugen Berg-

Ein Männchen der Beale's Sumpfschildkröte (Sacalia bealei)

bäche und tiefe Tümpel des tropischen und subtropischen Regenwaldes. Sie können gut schwimmen, nehmen an geschützten Stellen Sonnenbäder und suchen im Wasser und an Land nach Nahrung. Gewöhnlich werden 1–2 Eier gelegt. Bei 25–30 °C schlüpfen die Jungtiere nach 65–80 Tagen.

Winterruhe: nicht erforderlich. Die Tiere geraten allerdings eher in Fortpflanzungsstimmung, wenn man die Temperatur für 6–8 Wochen auf etwa 12 °C senkt.

Ähnlich zu haltende Art:

◆ Vieraugen-Schildkröte *(Sacalia quadriocellata)*.
   Verbreitung: China, Vietnam.

Schwarze Dickkopfschildkröte
Siebenrockiella crassicollis
(GRAY, 1831)

Verbreitung: Birma, Indonesien, Kambodscha, Malaysia, Thailand, Vietnam.

Kennzeichen: Rückenpanzer dunkelbraun bis schwarz; bei Jungtieren mit 3 Kielen, bei erwachsenen Tieren nur noch mit 1 Kiel. Charakteristisch ist die weiße Maske. Männchen mit konkav geformtem Bauchpanzer und kräftigerem Schwanz.

Panzerlänge: 17–20 cm.

Lebensweise und Vermehrung: Die Art bewohnt Sumpfgebiete, vegetationsreiche Tümpel, Teiche und langsame Fließgewässer. Die ruhigen Schildkröten sind vor allem in der Dämmerung aktiv und verstecken sich gerne zwischen Pflanzen oder

▬▬ *Schwarze Dickkopfschildkröte (Siebenrockiella crassicollis)*

Wurzeln. Nachts verlassen sie oft das Gewässer auf der Suche nach Nahrung. Eiablagen können ganzjährig erfolgen. Weibchen legen gewöhnlich 1 Ei, seltener 2. Bebrütet man die Eier bei 27–30 °C, schlüpfen die Jungtiere nach 64 bis 85 Tagen.
Winterruhe: keine.

Buchstaben-Schmuckschildkröte
Trachemys scripta (Schoepff, 1792)
Verbreitung: USA, Mexiko, Honduras, Nicaragua, Costa Rica, Panama, Nord-Kolumbien, Nordwest-Venezuela.
Kennzeichen: Von der Art gibt es sehr viele Unterarten. Rückenpanzer bräunlich-grünlich mit gelblicher Zeichnung. Bauchpanzer gelb mit dunklen Flecken. Schläfenflecken

Die Unterart Trachemys scripta scripta

je nach Unterart gelb, orange oder rot. Männchen bleiben deutlich kleiner und haben einen kräftigeren Schwanz und verlängerte Krallen an den Vorderbeinen.
Panzerlänge: 16–28 cm.
Lebensweise und Vermehrung: Die Schildkröten leben in Süßgewässern aller Art, vor allem an ruhigen Stellen mit Gelegenheit zum Sonnenbaden und dichter Vegetation. Ein Gelege umfaßt meist 6–12 Eier, und es sind 4–6 Gelege möglich. Bei 30 °C schlüpfen die Jungtiere nach 60–65 Tagen.
Winterruhe: Hält man Tiere aus dem Norden des Verbreitungsgebietes *(T. scripta scripta, T. scripta elegans)* 4–5 Wochen lang 4–5 °C kühler, geraten sie anschließend oft in Fortpflanzungsstimmung. Unterarten aus den meist gleichwarmen Regionen wie z. B. *T. scripta ornata* dürfen keine Winterruhe einlegen.

Gruppe 5

In dieser Gruppe wurden bis etwa 20 cm groß werdende Sumpfschildkröten zusammengefaßt, die oft oder vorwiegend an Land anzutreffen sind. Nordamerikanische Arten können den Sommer im Freilandterrarium verbringen. Männchen sind manchmal sehr aggressiv und müssen dann einzeln gehalten werden. Die Schildkröten fressen vor allem tierische, gelegentlich aber auch pflanzliche Kost. Weitere Hinweise für die Haltung:

- ◆ Terrarientyp 4
- ◆ Beckengröße: PL x 6
- ◆ Wasserhöhe: PB x 1
- ◆ Wärmestrahler über dem Landteil. (Die Temperatur sollte darunter 30–35 °C betragen.)

Chinesische Dreikielschildkröte
(Chinemys revesii)

Chinesische Dreikielschildkröte
Chinemys revesii (GRAY, 1831)
Verbreitung: Mittel- und Südost-China, Korea, Japan.
Kennzeichen: Rückenpanzer bräunlich bis fast schwarz und mit 3 Kielen. Bauchpanzer schwarz oder Nähte hell abgesetzt. Hinter dem Auge befinden sich 2–3 Schnörkellinien, die am Hals weiterführende helle Punkt- und Strichreihen bilden. Vorderfüße mit 5, Hinterfüße mit 4 Zehen. Männchen sind deutlich kleiner und haben eine dickere Schwanzwurzel.
Panzerlänge: 15–18 cm (selten bis 25 cm).
Lebensweise und Vermehrung: Flüsse, Seen, pflanzenreiche Tümpel, Teiche und Gräben werden

bevorzugt. Die genügsamen Schildkröten sind als Kulturfolger aber auch in Reisfeldern oder Wasserstellen menschlicher Siedlungen zu finden. In den kühleren Regionen halten sie eine Winterruhe.
Das Weibchen legt 2–6 walzenförmige Eier. Bei guter Ernährung können im Abstand von 4–6 Wochen 2 weitere Gelege produziert werden. Bei 28–30 °C dauert es bis zum Schlupf der Jungen 63–70 Tage.
Winterruhe: 6–8 Wochen in einer Überwinterungskiste (siehe S. 50).

Tropfenschildkröte
Clemmys guttata (SCHNEIDER, 1792)
Verbreitung: Südost-Kanada und USA.
Kennzeichen: Rückenpanzer schwarz mit gelblichen Punkten.

Tropfenschildkröte
(Clemmys guttata)

Jungtiere zum Teil völlig schwarz. An Kopf und Hals größerer gelber bis orangefarbener Fleck. Bauchpanzer gelblich mit großen schwarzen Flecken. Männchen haben ein bräunliches Kinn, Weibchen ein gelbliches. Iris bei den Männchen braun, bei den Weibchen rötlich bis orange.

Panzerlänge: 8–13 cm.

Lebensweise und Vermehrung: Die Art ist vorwiegend in kleinen weichgrundigen, sehr vegetationsreichen Gewässern zu finden. Sie lebt sehr an das Wasser gebunden. Die Tiere schwimmen nur unbeholfen und wandern meist im Flachwasserbereich am Grund des Gewässers umher. Ein Gelege umfaßt 2–3 Eier. Bei 27–30 °C schlüpfen die Jungtiere nach 55–65 Tagen.

Winterruhe: für die Zucht empfehlenswert. Die Tiere sollten 2 Monate dunkel bei 4–6 °C gehalten werden, am besten in einer Überwinterungskiste (siehe S. 50).

Waldbachschildkröte
Clemmys insculpta
(Le Conte, 1829)
Verbreitung: Südost-Kanada und Nordosten der USA.
Kennzeichen: Rückenpanzer dunkelbraun, hinten gesägt und mit höckerförmigem Längskiel. Von ihrem Mittelpunkt ausgehend weisen die Rückenschilder konzentrisch verlaufende Ringe und strahlenförmige Furchen auf. Bauchpanzer gelblich und jedes Schild in der hinteren Ecke mit einem dunklen Fleck. Gliedmaßen und Kopf oberseits dunkelbraun-oliv, auf der Unterseite orange. Männchen haben gröbere Schuppen auf den Vorderbeinen, einen kräftigeren Schwanz und stärker entwickelte Krallen.
Panzerlänge: 13–20 cm.
Lebensweise und Vermehrung: Die Art ist vor allem an Kleingewässern der Laub- und Mischwälder zu finden, kommt aber auch an allen anderen Süßgewässern vor. Die Tiere halten sich überwiegend an Land auf.

Waldbachschildkröte
(Clemmys insculpta)

Muhlenbergs' Wasserschildkröte
(Clemmys muhlenbergii)

Nach der Winterruhe kann man manchmal Paarungen beobachten. Ein Gelege kann 7 Eier umfassen. Bei 25–28 °C schlüpfen die Jungtiere nach 53–55 Tagen.
Winterruhe: 2–3 Monate bei 5 bis 6 °C in völliger Dunkelheit, am besten in einer Überwinterungskiste.

Muhlenbergs' Wasserschildkröte
Clemmys muhlenbergii
(SCHOEPFF, 1801)
Verbreitung: Östliche USA.
Kennzeichen: Rückenpanzer braun bis mahagonifarben. Die großen Rückenschilder können gelbliche bis rötliche Zentren aufweisen. Bauchpanzer dunkelbraun bis schwarz. Mittelbereich etwas heller. Hinter dem Auge großer gelblicher bis rötlicher Fleck. Weichteile manchmal

oben rötlich gesprenkelt, unten rötlich. Männchen besitzen einen kräftigeren Schwanz.
Panzerlänge: 8–12 cm.
Lebensweise und Vermehrung:
Die Art kommt vor allem in Mittelgebirgslagen, an allen möglichen Gewässern mit Vegetation vor, auch in Moorgebieten. Die Tiere leben im Uferbereich, sind oft Einzelgänger und verstecken sich gerne zwischen Pflanzenteilen.
Männchen überfallen nach der Winterruhe oft einfach ein Weibchen und paaren sich mit ihm. Gelege umfassen zwischen 1 und 3 Eier, aus denen bei 27–30 °C nach 50–60 Tagen die Jungtiere schlüpfen.
Winterruhe: 8–12 Wochen bei 4–5 °C, am besten in einer Überwinterungskiste (siehe S. 50).

Amboina-Scharnierschildkröte
Cuora amboinensis (Daudin, 1802)
Abbildung siehe S. 31.
Verbreitung: Hinterindien, Sunda-
Archipel und Philippinen.
Kennzeichen: Rückenpanzer bräunlich bis schwarz. Jungtiere noch mit
3 Längskielen, Erwachsene oft nur
noch mit 1 Kiel. Je 1 schwarzer
Fleck am äußeren Rand des sonst
gelblichen Bauchpanzers. Häutige
Verbindung zwischen Bauchpanzer-
vorder- und -hinterlappen. Dunkel-
braune Kopfoberseite von einem gelben Band umgeben. Darunter zieht
eine gelbe Binde von der Nasen-
spitze zum Hals. Ein weiteres
gelbes, gabelförmiges Band folgt.
Männchen haben einen längeren
und dickeren Schwanz und einen
eingedellten Bauchpanzer. Man
kennt 3 Unterarten, die sich vor
allem durch die Stärke der Rücken-
panzerwölbung unterscheiden.
Panzerlänge: über 20 cm.
Lebensweise und Vermehrung:
Die Art kommt in Flußbereichen mit
langsam fließendem Wasser und in
stehenden Gewässern mit dichter
Bepflanzung vor. Die Schildkröten
leben nicht nur in Gewässernähe
sondern manchmal auch an weiter
davon entfernten feuchten Stellen.
Die Tiere sind Gemischtköstler und
auch nicht besonders wählerisch.
Bei der Paarung beißt das aufgerittene Männchen, so daß es beim Weibchen zu Verletzungen kommen
kann. Während der Kopulation läßt
sich das Männchen nach hinten fallen. Häufig legt das Weibchen nur
1 Ei. Bei Temperaturen zwischen
27 und 29 °C schlüpfen die Jungtiere nach etwa 64–68 Tagen.
Winterruhe: keine.

Malayische Dornschildkröte
Cyclemys dentata (Gray, 1831)
Verbreitung: Hinterindien, west-
licher Sunda-Archipel und Philippinen.
Kennzeichen: Flacher Rückenpanzer, dunkelbraun und hinten
gesägt, mit Mittelkiel; auf jedem
Bauchpanzerschild ein schwarzes

■ *Malayische Dornschildkröte*
(Cyclemys dentata)

Strahlenmuster. Später bildet sich ein bewegliches Scharnier am Bauchpanzer. Der längliche Kopf ist auf der Oberseite dunkelbraun, der Hals bräunlich-orangefarben gestreift. Männchen haben im Vergleich zu Weibchen einen eher konkav geformten Bauchpanzer.
Panzerlänge: bis 24 cm.
Lebensweise und Vermehrung:
Die Schildkröten bevorzugen Sumpfgebiete, Waldtümpel und Schwemmwiesen. Jungtiere leben offenbar mehr ans Wasser gebunden als erwachsene Tiere. Letztere wechseln zwischen einzelnen Gewässern und legen dabei auch schon einmal gewisse Strecken über Land zurück. Weibchen legen im Schnitt pro Gelege 4 Eier. Bei etwa 27 °C schlüpfen die ersten Jungtiere nach etwa 80 Tagen.
Winterruhe: keine.
Ähnlich zu haltende Art:
◆ Nackenstreifen-Sumpfschildkröte *(Cyclemys tcheponensis).* Verbreitung: Indonesien.

Stachel-Erdschildkröte
Heosemys spinosa (GRAY, 1831)
Verbreitung: Hinterindien und Sunda-Archipel.
Kennzeichen: Rückenpanzer braun, hinten gesägt, mit einem Mittelkiel.

Als Jungtier besitzt die Stachel-Erdschildkröte (Heosemys spinosa) zum Schutz vor Freßfeinden zackenförmige Randschilder. Mit zunehmendem Alter werden die „Stacheln" immer stumpfer

Bauchpanzer mit schöner gelbbrauner Strahlenzeichnung, die im Alter immer dunkler und damit undeutlicher wird. Randschilder bilden bei Jungtieren einen nach außen zeigenden „Stachel". Kopf, Hals und Extremitäten hellbraun, rote Flecken im Bereich der Schläfen, manchmal auch an den Gliedmaßen.
Panzerlänge: bis 23 cm.
Lebensweise und Vermehrung:
Die Art lebt vor allem am Rand von Bergflüssen, aber auch in gefluteten Reisfeldern. Den Tag verbringen die Tiere meist sehr versteckt und werden gewöhnlich erst gegen Abend aktiv. Während ältere Exemplare häufiger im Wasser anzutreffen sind,

leben Jungtiere eher terrestrisch, aber in Gewässernähe. Jungtiere ernähren sich bevorzugt von tierischer Kost, Erwachsene sind Gemischtköstler. Männchen überfallen oft einfach ein Weibchen, reiten auf und paaren sich mit ihm. Ein Gelege umfaßt meist 4–6 Eier, deren Entwicklung bei Temperaturen zwischen 27 und 30 °C über 4 Monate dauern kann.

Winterruhe: keine.

Gruppe 6

Zur letzten Gruppe gehören kleine bis mittelgroße (bis ca. 20 cm) Sumpfschildkröten, die bevorzugt an Land leben. Eine Freilandhaltung im Sommer ist nur bei den nordamerikanischen Dosenschildkröten möglich. Die Männchen einiger Arten sind manchmal sehr aggressiv und müssen dann einzeln gehalten werden. Weitere Hinweise für die Haltung:

◆ Terrarientyp 5
◆ Beckengröße: PL x 5
◆ Wasserhöhe: wenn bei der jeweiligen Artbeschreibung nicht anders angegeben, genügt eine Wasserschale als Wasserteil!
◆ kein Wärmestrahler nötig!

Vietnam-Scharnierschildkröte
Cuora galbinifrons (BOURRET, 1939)
Verbreitung: Vietnam und China.
Kennzeichen: Rückenpanzer sehr hoch gewölbt, an jeder Seite ein gelbes breites Längsband und ein gelber Kiel; Wirbel- und Randschilder mit zahlreichen gelblichen Flecken und Strichen. Bauchpanzer schwarz, mit einigen gelblichen Flecken. Kopf bräunlich bis rötlichgelb, an den Seiten mit bräunlicher Zeichnung; Schnauze dunkelbraun. Männchen haben eine gelbe Iris und einen dickeren Schwanz, Weibchen eine orangefarbene Iris. Man unterscheidet 4 Unterarten.
Panzerlänge: bis 19 cm.
Lebensweise und Vermehrung: Die Tiere leben in kühlen Bergwäldern mit Fallaub und Unterholz.

Vietnam-Scharnierschildkröte (Cuora galbinifrons)

Häufige Niederschläge sorgen für eine hohe Luftfeuchtigkeit. In einigen Gebieten kann es zu Frösten kommen. Bei der Einrichtung des Terrariums sollte man sehr viele Versteckmöglichkeiten einplanen. Die Schildkröten graben sich auf dem Landteil gern in leicht feuchtes Buchenlaub oder eine Schicht mit Torfmoos ein. Täglich ist die Einrichtung zu überbrausen. Weibchen können in der Fortpflanzungszeit in Abständen von etwa 2 Wochen 1–2 Eier legen. Bei Temperaturen um 27–30 °C schlüpfen die Jungtiere nach etwa 70–80 Tagen. **Winterruhe:** keine.

Zacken-Erdschildkröte
Geoemyda spengleri
(GMELIN, 1789)
Verbreitung: China, Vietnam, Indonesien und Malaysia.
Kennzeichen: Auffällig flacher Rückenpanzer, hell- bis dunkelbraun, manchmal aber auch gelb-, grün- oder rötlich, mit 3 Kielen; die hinteren Randschilder stark gesägt. Bauchpanzer dunkelbraun bis schwärzlich, gelblichweiß gerandet. Kopf bräunlich, mit einem kräftigen Hakenschnabel. Bei Weibchen und Jungtieren am Kopf und Hals gelbliche Längsbänder, manchmal auch rötli-

■ *Zacken-Erdschildkröte (Geoemyda spengleri)*

che oder blaue Flecken. Kräftige Gliedmaßen mit starken Krallen.
Panzerlänge: bis 16 cm.
Lebensweise und Vermehrung: Die Tiere bevorzugen feuchte Bergwälder mit Unterwuchs und Fallaub. Im Sommer kann es in ihrer Heimat recht warm werden, im Winter an einigen Stellen zu Frost kommen. Die Schildkröten verstecken sich gerne unter Pflanzenteilen oder am Boden liegenden Ästen. Läuft in der Nähe ihres Verstecks ein Beutetier vorbei, verfolgen sie es hochbeinig und zerren es in ihren Unterschlupf, um es dort zu fressen. Häufig suchen sie flache Wasserstellen auf, um darin Nahrung zu suchen oder Kot abzusetzen.
Die Vermehrung dieser Art stellt im Terrarium immer noch etwas Beson-

deres dar. Weibchen legen in eine etwas über 10 cm tiefe Grube ein einzelnes, über 4 cm langes Ei. Im Abstand von etwa 6 Wochen können innerhalb einer Saison bis zu 2 weitere Einzeleier gelegt werden. Bei einer Temperatur von 25–28 °C dauert die Entwicklung der Eier 9 bis 11 Wochen.

Winterruhe: Im Winter sollte man die Temperatur im Terrarium 6 bis 8 Wochen lang auf Raumtemperatur und die Beleuchtungsdauer auf 8 Stunden senken. Anschließend erhöht man für etwa 2–3 Wochen die Temperaturen auf 25, lokal 28 °C, setzt das Männchen zum Weibchen und kann nun eventuell Paarungsversuche beobachten.

Indische Dornschildkröte

Pyxidea mouhotii (GRAY, 1862)
Verbreitung: Östliches Vorderindien, Hinterindien und Insel Hainan.
Kennzeichen: Brauner Rückenpanzer sehr hoch gewölbt, mit 3 Längskielen. Deutliche Abflachungen zwischen den jeweiligen Seitenkielen und dem Mittelkiel. Hinterrand gesägt. Einzelne Rückenschilder fein ziseliert. Gelbbrauner Bauchpanzer dunkel gepunktet und nur bei erwachsenen Exemplaren mit Scharnier ausgestattet. Kopf braun

Indische Dornschildkröte (Pyxidea mouhotii)

und ziemlich kräftig, an den Seiten mit undeutlicher Strichzeichnung. Oberkiefer mit hakenförmigem Schnabel. Die braunen Gliedmaßen sind mit starken Krallen ausgestattet. Männchen mit deutlich dickerem, längerem Schwanz.
Panzerlänge: 18–20 cm.
Lebensweise und Vermehrung: Die Art bevorzugt Tümpel- und Gewässerränder in kühlen feuchten Regenwäldern. Oft halten sich die Schildkröten nur zur Nahrungsaufnahme in einem Tümpel auf oder verbergen sich darin. Sie sind vorwiegend in der Dämmerung aktiv und vergraben sich häufig für einige Zeit in lockerem Erdreich. Mit Zunahme der Temperaturen und Niederschläge werden sie aktiver. Weibchen legen 1–3 Eier. Bebrütet man

Pracht-Erdschildkröte. Hier die Unterart Rhinoclemmys pulcherrima rogerbarbouri

sie bei Temperaturen um 28 °C, schlüpfen die Jungtiere nach 97 bis 99 Tagen.
Winterruhe: keine.

Pracht-Erdschildkröte
Rhinoclemmys pulcherrima
(GRAY, 1855)
Verbreitung: West- und Süd-Mexiko über Guatemala, Ost-Honduras, El Salvador und Costa Rica.
Kennzeichen: Rückenpanzer rauh, mit deutlichen Jahresringen und Mittelkiel. Hinterer Rand gesägt und gekerbt. Es gibt 4 Unterarten, die sich sehr voneinander unterscheiden. Ihnen gemeinsam ist ein gelblicher Bauchpanzer, hinten gekerbt, mit einem zentralen dunklen Fleck und eine leicht zugespitzte und ge-

kerbte Schnauze. Der Kopf ist braun bis grünlich und je nach Unterart unterschiedlich gezeichnet. Vorderbeine mit großen gelben oder roten Schuppen bedeckt. Zehen besitzen Schwimmhäute. Männchen bleiben kleiner, haben konkav geformten Bauchpanzer und längeren Schwanz.
Panzerlänge: 18–20 cm.
Lebensweise und Vermehrung:
Die Schildkröten leben in der Nähe von Gewässern und in feuchten Wäldern. Die Tiere sind geschickte Schwimmer, halten sich aber gewöhnlich im Flachwasserbereich oder in feuchten Wiesen auf. Der Wasserstand im Terrarium sollte der Panzerbreite entsprechen. Ein Gelege besteht gewöhnlich aus 2 Eiern. Bei Temperaturen von 27–30 °C schlüpfen die Jungtiere nach 115 bis 150 Tagen.
Winterruhe: keine.
Ähnlich zu haltende Art:
◆ *Rhinoclemmys areolata.*

Carolina-Dosenschildkröte
Terrapene carolina
(LINNAEUS, 1758)
Verbreitung: USA und Mexiko.
Kennzeichen: Rückenpanzer sehr hoch gewölbt und mit Mittelkiel, Grundfarbe braun. Zeichnung sehr variabel, bestehend aus gelblichen

■ *Amerikanische Dosenschildkröten (hier die weit verbreitete Art Terrapene carolina) können ihren Panzer völlig verschließen, indem sie den Vorder- und Hinterlappen des Bauchpanzers an den Rückenpanzer drücken*

und/oder orangen Flecken und/oder Strahlen. Bauchpanzer bräunlich, besteht aus 2 Teilen, die fest an den Rückenpanzer gedrückt werden können. Weichteile bräunlich bis rötlichbraun mit roten Tupfen. Kopf oft auffällig gemustert und gefärbt. Hinterbeine mit 4 Krallen, lediglich bei den Unterarten *T. carolina triunguis* und *T. carolina baurii* 3 Krallen an den Hinterbeinen. Bei Weibchen Iris gelblich-braun, bei Männchen rötlich. Männchen besitzen stämmigere Hinterbeine und einen kräftigeren Schwanz.

Panzerlänge: 10–20 cm.
Lebensweise und Vermehrung:
Die Art kommt an Waldrändern, in offenen Wäldern, Feuchtwiesen und entlang von Gräben und Bächen vor. Die Tiere können schlecht schwimmen und sind vor allem abends, morgens und nach Regenfällen aktiv. In einer Saison sind 3–4 Eiablagen möglich. Ein Gelege besteht meist aus 3–5 Eiern. Bei 25–30 °C dauert es bis zum Schlupf der Jungen 45–65 Tage. Bei konstant 30 °C schlüpfen aus den Eiern überwiegend Weibchen.

Besonders attraktives Männchen von Terrapene carolina carolina

Schmuck-Dosenschildkröte (Terrapene ornata)

Winterruhe: Für die Zucht ist es empfehlenswert, die nordamerikanischen Unterarten (z. B. *T. carolina carolina, T. carolina triunguis*) für 2–3 Monate in eine Überwinterungskiste zu überführen.

Schmuck-Dosenschildkröte

Terrapene ornata (AGAZZIZ, 1857)
Verbreitung: USA und Mexiko.
Kennzeichen: Rückenpanzer braunschwarz und mit gelber Strahlenzeichnung. Über die Rückenmitte zieht ein gelber Längsstreifen. Kopf und Gliedmaßen gelb bis orange oder rötlich gefleckt. Bauchpanzer mit Scharnier und gelber Strahlenzeichnung, Panzer kann völlig geschlossen werden. Weibchen mit gelblich-brauner, Männchen mit roter Iris. Männchen haben an den Hinterbeinen eine nach innen gerichtete Zehe (Kopulationskralle) und einen kräftigeren Schwanz.
Panzer: 10–15 cm lang.
Lebensweise und Vermehrung: Diese Sumpfschildkröte lebt in steppenartigen Gebieten und niedrig bewachsenen Grasländern mit sandigen Böden. Sie ist vor allem morgens und abends aktiv. Tagsüber versteckt sie sich oft in Erdhöhlen. Ein Gelege kann aus 2–8 Eiern bestehen. Bei 28 °C dauert es bis zum Schlupf der Jungtiere 60–70 Tage.
Winterruhe: Temperatur im Spätherbst auf 15 °C senken (die Tiere verbergen sich dann gern in einem Haufen Torfmoos (Sphagnum) oder in einer Kunststoffhöhle), nach 4–5 Wochen wieder auf Normalwerte erhöhen.

Anhang

Wichtige Adressen

Deutschland

Deutsche Gesellschaft
für Herpetologie und Terrarienkunde
(DGHT) e. V.
DGHT-Geschäftsstelle
Postfach 1421
Locher Straße 18
D-53351 Rheinbach (Briefpost) und
D-53359 Rheinbach (Büroanschrift)

Österreich

Österreichische Gesellschaft
für Herpetologie
c/o Naturhistorisches Museum
Burgring 7
A-1014 Wien

Schweiz

Schildkröten-Interessen-
Gemeinschaft-Schweiz (SIGS)
Postfach 2
CH-8225 Siblingen

Literatur

Bundesministerium für Ernährung,
Landwirtschaft und Forsten,
Ref. Tierschutz (Hrsg.):
Gutachten über Mindestanforderungen
an die Haltung von Reptilien
vom 10. Januar 1997

Ernst, C. H. & Barbour, R. W.:
Turtles of the World
Smithsonian Institution Press,
Washington D. C. and London 1989

Iverson, J. B.:
A Revised Checklist with Distribution
Maps of the Turtles of the World
Richmond, Indiana 1992

Obst, F. J.:
Schmuckschildkröten
Die Gattung Chrysemys
Spektrum Akademischer Verlag,
Heidelberg 1995

Rogner, M.:
Unser erstes Terrarium
Franckh-Kosmos-Verlag, Stuttgart 1992

Rudloff, H.-W.:
Schildkröten
Urania-Verlag, Leipzig-Jena-Berlin 1990

Ullrich, W.:
Terrarium
FALKEN Verlag, Niedernhausen 1997

Register

Register

Im FALKEN Verlag sind zahlreiche Titel zum Thema „Tier" erschienen.
Bitte fragen Sie überall dort, wo es Bücher gibt.

Sie finden uns im Internet: **www.falken.de**

Titelfoto: *Trachemys scripta ornata*
Foto Seite 1: *Pseudemys nelsoni*
Foto Seite 2/3: *Graptemys barbouri*
Foto Seite 5: *Malaclemys terrapin rhizophorarum*
Foto Umschlagrückseite: *Emydura subglobosa*

Dieses Buch wurde auf chlorfrei gebleichtem und säurefreiem Papier gedruckt.

ISBN 3 8068 2245 X

Umschlaggestaltung: Elisabeth Berthauer
Layout: David Barclay, Neu-Anspach
Nachauflagenredaktion: Ute Rather
Herstellung: Wilfried Sindt
Titelbild und Umschlagrückseite: Wally u. Burkhardt Kahl, Oberstenfeld
Fotos: Bildagentur heiro, Hürtgenwald
Zeichnungen: Axel Weiß, Obernbreit: S. 34, 56; die übrigen Zeichnungen: Manfred Lindner,
Mainz

Satz: DM-SERVICE Mahncke & Pollmeier oHG, Rodgau
Druck: Druckerei Appl, Wemding

817 2635 44